成為
更好的自己

劉軒

未來少年的18堂心理必修課

成為更好的自己

未來少年的18堂心理必修課

自序 成長路上與你同行 劉軒 004

1 都是因為好奇——開講篇 008

2 獨一無二的自己——個性篇 014

3 戰勝壞情緒——情緒篇 022

4 為什麼要讀書？——動機篇 030

5 學語言，有訣竅——語言篇 038

6 你是怎麼個聰明法？——天賦篇 050

7 向科學家學思考——實驗篇 060

8 怎樣記才不會忘——記憶篇 070

Contents

9 專心，其實很燒腦——專注力篇 080
10 大腦如何開竅？——學習篇 088
11 量身訂做好行為——習慣篇 098
12 誰是真正的朋友？——友情篇 106
13 家人的愛，勝過一切——親情篇 114
14 對朋友說不的勇氣——從眾篇 122
15 學習高EQ——心情篇 130
16 青春期風暴——成長篇 138
17 快樂跟你想的不一樣——正向篇 148
18 成為善解人意的人——同理心篇 156

自序　成長路上與你同行

親愛的同學，你好！

當你翻開這本書時，可能剛做完了功課，讀一點課外書做消遣；也可能是睡前的閱讀時光，恰好枕邊放了這本書；或是在書店、在圖書館漫步，被書名吸引，所以抽出來翻看幾頁。

但不管怎樣，你的內心裡都有一點「小衝動」，想要從閱讀中，找一些和平常「不太一樣」的東西。

這是一種很微小的感覺，可能小到你都沒有注意到。但可不要小看它，正是因為它，我們的生活才有了別樣的意義。

我們人類能從衣食住行挪開眼光，去探索星空大海，去鑽研細胞微塵，去挖掘我們內心世界的奧祕，都是從這一點點的「衝動」開始的。這一點，可以稱之為我們的內驅力，也可以叫做生命力的綻放。

它使我們從出生那天起，就不斷的探索、發現、成長；不斷的以爸媽為原點，對外拓展自己的活動半徑，從小時候的街道，到附近的幼兒園，幾公里之外的中學，幾百公里之外的大學……

直到在離家很遠的城市落腳，有了自己一生的朋友、伴侶，也有了屬於自己的「英雄旅程」。但這個過程，未必會一帆風順。一個人會遇到家庭的羈絆，也有成長路上的風雨，還有一路從幼稚到成熟的跌跌撞撞……關鍵是，沒有人能替你完成這個過程，只有你自己。

我之前在大學讀的是人類發展心理學，從心理學的普遍視角，人的成長就是這樣子。

在孩童時代，我們完全的依附父母。隨著青春期的到來，我們逐漸有了獨立的衝動，想要掙脫舊環境，發出新聲音。我們開始尋找自己，探索邊界，開始有一些「脫序」行為，大人們稱之為「叛逆」。

在這個過程中，父母親友能給的，是目送的眼光，是觀念的碰撞，是理性和感性的糾纏。而你自己，要開始認識自己，學會管理自己，並要結合自己的特質，形成對「自我」的認知，定義出自己的獨特價值，開始成人意義上的「長大」。

不過，真的不容易哦！紙上說來輕鬆，有時卻要耗盡一生。

我自己也一樣，在青春迷茫期，滿目望去都是人生的問號。於是，鑽圖書館啃書，旅行做背包客，去北極圈、赤道圈體驗不同的風景人情，去尋找答案。還把這段經歷寫了一本書叫《尋找自己》。

好在我的父母比較寬容，對於我的「不羈之舉」，視作年輕人長大的必由之路，於是耐心等我「暴風雨」之後的彩虹。

我也很幸運，有機會上哈佛這種很「高規格」的學校，跟一些有智慧的老師們一起研究心理學。

於是今天，我有機會來寫這樣一本書。運用我學過的知識，和我自己的人生經驗，用比較淺顯易懂的方式，跟你聊聊心理和成長。

在我看來，長大成人不只是從家庭的世界，進入到另一個更大的世界。還要從對家庭的歸屬感中，逐漸尋找到屬於你自己的歸屬感。那可能是一個團體，一種信念，一套原則，也可能是一種價值觀。

過程中，你要找到真正的自己，了解自己的個性，找到自己的內驅力，學會與情緒共處，也懂得好好利用時間，用同理心待人……

你會完成自身很多的轉變，把你的性格、能力、需求、價值觀等等，形成一套屬於你的框架。用心理學術語來說，叫建立「自我的統一性」。由此，伴隨你的「英雄之旅」，是一個人心智的逐漸成熟。

在這本書中，我會分享心理學對於記憶、專注力和好習慣的研究，也會談到人際關係的議題，包括如何交朋友、和父母的相處、情緒管理。還會從人類發展心理學的角度，和你聊聊青春期風暴會帶來什麼樣的心理變化，以及同理心和正面情緒的重要性。

這裡面有一些概念，也有不少故事，還有一些互動問題，希望你在讀完這本書後，對自己有更多的了解，也對他人有更多理解。

希望這段閱讀旅程，讓你既看到星辰大海，也看到內心繁花。

與你同行在成長道路上的朋友　劉軒

1. 都是因為好奇——開講篇

我們想要了解自己、了解別人？
基於這樣的好奇心，
所以有了心理學。

「知己知彼，百戰不殆」這句話來自於《孫子兵法》，意思是說，在打仗的時候，如果能了解敵人，又了解自己，就能百戰百勝。

你要怎麼了解別人？又要怎麼樣了解自己呢？

心理學，就是從人類問自己這個的問題，從這樣的好奇心而誕生的。

但心理學不只能用在戰場，也可以用來治病、用在教育、讓人們彼此相處得更好。心理學能夠幫助我們創造更快樂美滿的人生。

這，都是從「知己知彼」開始。

很多人認為心理學是一門艱深的學問，只有大學程度的學生才能夠理解，但我認為心理學的觀念，人人都能聽得懂。這本書的目標，就是要讓九歲到九十九歲都看得懂。我要把心理學最有趣的道理分享給你。

心，是靈魂居住的地方

心理學的英文是psychology，這個字源自於兩千多年前的古希臘。當時有一群哲學家，其中最有名的一位叫「亞里斯多德」，大家都說，他是古希臘最聰明有智慧的人。

但即便是亞里斯多德，也搞錯了許多事情。例如，他認為我們所有的想法、所有的情緒，都來自於「心臟」。他覺得，我們是用「心」來思考的。那大腦是做什麼呢？他說：「嗯，沒太大的用處，大概就是用來冷卻我們血液的吧！」

不只亞里斯多德這麼想。古代埃及人做木乃伊的時候，會把死人的大腦先挖掉，因為他們覺得那是沒必要的東西，但心臟一定要保留下來，因為心臟是靈魂居住的地方。

所以我們到現在還習慣說，如果你要了解一個人，就要了解他的「內心」。你做事情要「專心」、對待人要「用心」。同樣的，明明是研究腦袋裡的東西，到現在還叫「心理學」，而不是「腦理學」，因為我們用習慣了。

心理學的祖師爺

在十九世紀末，心理學才真正變成一門用科學方法研究的「行為科學」。當時有兩位學者，我們現在稱他們兩人為「心理學之父」。一位是住在德國的威廉・馮特，另一位是住在美國的威廉・詹姆士。

威廉・馮特很嚴肅，很愛做實驗。他覺得沒辦法測量的，就不是科學，不科學的東西就不能相信。他讓心理學變成一門可以用實驗來證實的行為科學。

威廉・詹姆士就不同了，他認為不能把人當一個機器來看。人的「精神」和「意志」雖然看不到，很難測量，卻是我們身為「人」最重要、也最可貴的力量。他「以人為本」的理論，影響了無數後代的心理學家。

誰是對的呢？其實，兩個人都是對的。我們不能光用思考與精神層面來理解人性，但也不能只拿人的一小部分做測試，而忽略了整個人一生的發展。

心理學有很多有趣的實驗，因為人就是很有趣的動物。心理學也可以用在生活的各種方面。例如，有些心理學家專門研究怎樣設計手機，讓手機的介面更好用；怎樣設計汽車，讓我們駕駛起來更安全。

有些心理學家專門研究社會現象，想辦法找出這些現象背後的原因。有些心理學者研究教育，也有不少心理學家進入醫院，幫助有心理疾病、受過心理傷害的人，讓他們減少痛苦、恢復正常。這些都是心理學的廣闊世界！

這本書沒有考試，但有很多互動的問題，也有一些可以給自己，或給身邊大人做的心理測驗。我當年在哈佛，就是這樣愛上心理學的。我希望透過這本書，也讓你愛上心理學。更重要的是，讓你更理解自己和身邊的人。

現在，就讓我們開啟這趟「知己知彼」的心理探索吧！

想想與練習

1. 在讀本書之前，你覺得心理學是什麼？
2. 你希望心理學可以幫助你做什麼？
3. 想一想，你是比較偏向威廉·馮特的科學實證派？還是威廉·詹姆士的「以人為本」派？

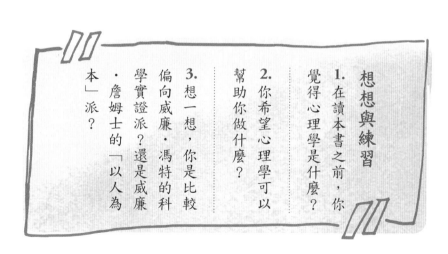

2. 獨一無二的自己——個性篇

”無論天生是什麼個性，
只要有心，
一定能成為最好的自己。“

你有沒有發現，同樣是一家人，同樣的爸爸媽媽所生，怎麼兄弟姊妹的個性差很大？就算是長得幾乎一模一樣的雙胞胎，他們的喜好、行為，也可能不一樣。我們看一個人的外表，有胖有瘦、有高有矮、有粗頭髮、細頭髮、寬鼻子、窄鼻子，這些都是外在的不同；而人的習慣、行為、喜好……等內在的特點，我們就稱為「個性」。

個性跟指紋一樣，每個人都不同，都是獨一無二的。像班上的同學，可能有人愛哭、有人愛搞笑、有人總是會出怪點子、有人不太愛跟別人講話，這些差異都來自每個人的個性。

從星座、血型看個性

早在心理學問世之前，人類就在研究個性了。幾百年、甚至上千年以前，那時候還沒有現在常用的科學儀器和科學研究方法，老祖先只能透過觀察身邊的環境，例如季節、太陽月亮和氣候的變化等，試圖理解人與人之間為什麼會有差別。他們從觀察天上星星的位置來分析人的性格，發展出「星相學」。

光從出生的日期時辰，就可以看出個性嗎？相較於心理學家用科學方法來研究，星相學就顯得不那麼合理，像幾個寶寶可能同時間在同一個醫院出生，長大後卻發展出不同的個性，命運也不相同。

雖然我們很愛把人按照星座、血型、名字的筆畫等方式來分類，判斷他們的個性，但那只能當個「參考值」而已。要真正了解一個人，我們還是得仔細觀察他們個人。

不同的心理學家有不同的理論和分類法。像阿德勒把人的性格分四種、葛吉夫則分成九種、榮格分十六種。每個學者都有自己的看法和道理，沒有人絕對是「對」的，也沒有人絕對是「錯」的。心理學就是這樣，是個一直不斷在改進、修正的學問。

先天派、後天派

你可能會好奇：人的個性，是怎麼來的呢？

有兩派心理學者一直在爭辯這件事。一派人認為，絕大部分的個性，都是生下來就有的。他們相信一個人的個性有許多來自遺傳，或是在媽媽的肚子裡就受到影響。這些學者叫「先天派」。

另一批人則認為，一個人生下來就像一張白紙，是出生之後，父母親怎麼教養，以及你所受的教育、上的學校，和所交的朋友等等，才真正塑造了你的個性。這些學者就叫「後天派」。

你比較相信「先天派」，還是「後天派」呢？

其實，兩派都有道理。有些孩子天生比較好動，有些孩子比較文靜。有些孩子天生就對刺激的新鮮事物感到好奇，有些孩子碰到刺激就會想要閃躲。這些差異，都屬於一個人的「先天氣質」。但難道孩子長大之後，一輩子都會是這樣嗎？當然不！我們的成長經歷和遭遇，還是會修飾我們的個性。

假如你天生就好動又愛刺激，但家裡偏偏很保守，父母親很嚴肅，學校也很嚴格，那你可能會有許多拘謹的習性，活潑的那一面很少會表現出來。但假如你某天參加了學校的攀岩社，說不定就會發現，天生的好動和喜愛刺激在這裡反而變成了一種優勢，活潑的氣質在這裡獲得了肯定和引導，也會讓你所顯現的個性有所改變。

你可能聽過兩個兄弟搶蛋糕的故

事吧？兩個人都想吃蛋糕，誰也不讓誰，直到精明的媽咪說：「哥哥可以先切蛋糕，但弟弟可以先選要哪一塊。」我覺得先天和後天的關係就有點像這樣：切蛋糕的哥哥是「先天」，選蛋糕的弟弟是「後天」，兩個人一起決定最後的「個性」會是什麼樣子。

江山易改，本性難移？

你也一定聽過一句話：「江山易改，本性難移」，意思就是說你的個性一旦形成，就幾乎是始終如一，不會再改變了。

一般心理學家認為，「人格」是具有穩定性的。但長期觀察一個人，我們也發現，其實人格的穩定性並非一成不變。也許你的個性本質很穩定，但行為和能力卻有可塑性，是可以發展的。

舉例來說，你原本是一個很內向、害羞的人，但你交了一些外向的朋友，他們帶你參加很多聚會，認識很多不同的人。你學習朋友怎麼跟人聊天，後來就愈來愈不怕跟人聊天了。也許你的個性還是內向，平常比較喜歡獨處，但至少你不再害怕社交場合。甚至，後來才認識你的朋友，看你在聚會上那麼如魚得水，根本無法相信你是個內向的人。

換句話說，你有內向人的個性，卻克服了內向人的限制。

著名的美國總統林肯，就是個很好的例子。林肯早年生活非常坎坷，過得很苦悶，使得他的性格很靦腆，也不善言辭。但是他積極面對自己的苦難命運，努力改變自己。後來他的性格不僅變得開朗，而且很幽默，很會說笑話，歷史上流傳下來很多關於他的幽默故事。美國人甚至說，林肯的幽默使得整個美國民族都變得樂觀積極了。

所以，不要因為一個性格測驗，就以為自己一定是什麼樣的個性，更不

要讓別人用你的個性，作為限制你發展的理由。你要先相信自己。我們現在知道，個性有一半是天生的，有一半是後天塑造的。先天的個性、素質只是奠定了基礎，你的個性可以一輩子都不改變，但也可以透過努力而大不同。

人的一生很長，未來你想要成為怎樣的人，就努力去成為那樣的人吧！我相信，無論天生是什麼個性，只要有心，一定能成為最好的自己。

想想與練習

1. 想一想，你是一個喜歡凡事有規律、照計畫行事的人？還是偏好隨興、不規律呢？爸爸、媽媽或兄弟姊妹的習慣和偏好又是什麼呢？

2. 你是個性開朗、很容易就感到開心的人？還是常常比較陰鬱呢？

3. 到一個陌生的環境，你是很容易就融入環境，感到自在？或是比較難適應環境？

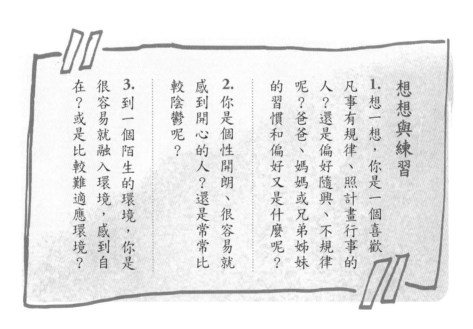

3. 戰勝壞情緒——情緒篇

> 情緒，幫助我們生存，
> 讓我們知道該如何反應，
> 並採取行動。

上一次，你覺得很「高興」是什麼時候？為什麼高興呢？你跟朋友在一起，應該很開心吧？但是，如果對方打球不守規矩，甚至作弊，你也會不開心吧？這時候，你原本感受到的「喜」，說不定就轉成「怒」。或許因為這樣，你再也不跟這位朋友往來，可能還會覺得「哀傷」。

這些在生活中感受到的喜怒哀樂，都叫作「情緒」。心理學家在研究「情緒」時，最好奇兩個問題：

第一、我們為什麼會有情緒？情緒對我們有什麼用呢？

第二、我們可以控制自己的情緒嗎？能不能控制別人的情緒？

要了解第一個問題，我們先來看看動物吧。你看過快樂的小狗嗎？看牠跑來跑去，尾巴搖啊搖，說不定還往你身上撲、舔你的臉，搞得口水到處都是。看來，動物也有情緒反應，或許不像我們的情緒那麼多元。

那昆蟲有情緒嗎？這就很難說了，因為牠們沒有表情，看不出牠們在想什麼。如果你在廚房看到一隻蟑螂，你覺得牠心裡會想：「哎呦，這個大怪物拿著拖鞋向我奔來，一定不懷好意，我好害怕！快逃！」不會的，因為蟑螂的腦袋沒有人類那麼進步，牠對事情的反應很簡單：感覺危險，先閃為妙。

人類感覺到危險也會想逃跑。根據這一點，用「進化論」理解人

類心理的心理學家認為，情緒是一步步進化的功能。最初，在低等動物身上就是基本的生存反應：遇到危險就逃，碰到食物就吃。

當動物愈來愈進化，這些反應也變得愈來愈複雜。情緒，幫助我們生存，讓我們能夠快速決定接下來該怎麼做，並且採取行動。對內，情緒讓我們知道該如何對事情做反應，判斷自己喜歡或不喜歡某些事。

表情就像彩虹

情緒還有另一種功能，就是形成表情，讓其他人知道該如何與我們互動。比方說剛出生的寶寶還不會說話，什麼都不懂，但是寶寶的表情卻特別豐富，喜怒哀樂全寫在臉上。「啊……」寶寶張嘴大哭。「哎呦，怎麼了？」媽咪趕緊過來，猜想寶寶可能餓了，就餵他喝奶；還是他累了、想睡覺，這時候抱著他、哄他睡覺。

餓了會哭、不舒服會怒，這些直接的表現都是人的本能，生下來就會，因為這是我們生存的方法。如果一個嬰兒不哭鬧，不舒服也不會有任何表達，那就很危險了。表情的功能是讓別人知道該如何與我們相處。像是，看到憤怒的表情，就知道要離我們遠一點；見到笑容，就知道可以靠近我們。

來自不同地區、不同文化的人，臉上的表情都一樣嗎？一位名叫保羅・艾克曼的心理學家，曾經跑到巴布亞新幾內亞的深山，研究原始部落土著的面部表情和情緒。

他為什麼跑到那麼偏僻的地方做研究呢？因為他想知道，在世界各個角落，人類有哪些情緒和表情是一樣的？深山裡的土著，從來沒看過電視，沒有接觸過其他文化，會有相同的情緒和表情嗎？

這位心理學家走遍全球各地，蒐集整理各種表情，最後歸納出一套「全球人類通用的表情」。這些表情反應了不同的情緒，一共有七種：憤怒、恐懼、驚訝、噁心、悲傷、鄙視、快樂。這些表情就像彩虹，無論你在哪裡看到，彩虹都有這七種顏色。世界上所有人也都有這七種情緒，而且呈現出來的表情都一樣。好像基本色的混合，可以調出更多深淺不同的顏色；複雜的情緒，也是從這七種基本情緒組合調配出來。

像綠巨人浩克一樣失控

心理學家還對另一個問題感興趣：情緒，有辦法控制嗎？如果我們能夠控制自己的情緒反應，會不會對生活或人際關係比較有幫助呢？你身邊有沒有很難控制憤怒的朋友，只要有人激怒他，就會像綠巨人浩克一樣失控，四處罵人或打人，做出破壞性的行為，對別人或自己造成傷害。這種人就需要學會控制自己的情緒。

另外，有些人有某種莫名的恐懼情緒，不受自己所控制，甚至影響了正常生活。例如，非常害怕到高處，雖然知道自己很安全，但只要站在高處，就會渾身不舒服，這種狀況叫作「懼高症」。有些人害怕待在狹小空間，甚至不敢搭電梯、坐飛機，這叫作「密閉恐懼症」。還有的人害怕面對陌生人，不敢踏出家門，寧可一輩子待在家裡，也不願意面對外界。這樣的恐懼真的讓人很困擾！

有很多方法可以改變情緒，心理學家研究出許多技巧和練習，像是聽音樂、靜坐、深呼吸、接觸大自然，都是簡單、容易做，又能改善情緒的方法。

還有一種改善情緒的方法。就是「重新解讀自己的情緒」。這是什麼意思呢？回想我第一次坐雲霄飛車的經驗，心裡超級害怕，手心

冒汗、牙齒發抖，感覺心臟都快要跳出來了。

當列車慢慢爬上高點，我覺得自己快要窒息了！然後從上面衝下來時，哇！所有的人，不只是我，都在尖叫！當雲霄飛車停下來，我渾身是汗，心跳還是很快。不過，我知道自己安全了。這時候，原本恐懼的感受反而變成一種興奮的快感，我跟我父親說：「爸！太好玩了！我想再坐一次！」你會不會覺得很奇怪？上一刻嚇得哭哭啼啼，下一刻卻說「再來一次」？其實，這就是一種「重新認識自己的情緒」。多坐幾次雲霄飛車，還會期待那種刺激的感覺呢！

我小時候很怕在別人面前表演，上臺之前都會哭。但是爸媽會陪我練習，也給我鼓勵。有一次上臺演出居然得了獎，一種「興奮」的感覺產生了！之後透過一次又一次上臺的經驗，讓自己一次次戰勝恐懼。雖然現在每次上臺前還是覺得緊張，但我已經學會重新認識自己的情緒，告訴自己：「我不是緊張，而是充滿期待！」

負面情緒的存在，提醒我們避免危險的事情發生。如果迴避它，我們可能一輩子都無法克服挑戰；如果我們能夠感受恐懼，並勇敢突破，反而會得到一種快樂與成就感。透過訓練，我們都能學會與自己的情緒交朋友！

想想與練習

1. 和家人朋友一起，聊聊你們最不喜歡的負面情緒是什麼？
2. 你的身邊有誰擅長情緒管理，觀察他是如何控制情緒的？
3. 緊張恐懼的時候，練習靜坐、深呼吸。感覺效果如何？

4. 為什麼要讀書？——動機篇

> 「如果能找到內在動機，即使沒有外在的激勵，也會努力做得更好。」

我們呼吸，因為需要氧氣；我們吃東西，因為需要食物；我們睡覺，因為需要休息。這些都是基本的動機，背後也是基本的需求，否則，我們根本活不下去。人們做任何事情都有動機，而動機來自於「需求」。

不只心理學家喜歡研究動機，老師、家長和老闆，也都想了解「動機」。老師希望學生有動機努力念書；

爸媽希望孩子有動機當個好孩子；老闆希望職員有動機努力工作。對我們來說，如果能夠掌握自己的動機，克服惰性、自動自發、奮力向上，從而擁有快樂、富足又自由的人生，不是很棒嗎？

紅蘿蔔還是棍子？

如果想讓一個人有動機，就叫「激勵」。激勵有兩種不同的方式：一個是「獎勵」、一個是「懲罰」。達到目標，有獎勵；沒達到目標，有懲罰。這是最傳統的激勵方法，心理學家稱為「操控制約」。講得直接一點，就是「紅蘿蔔與棍子」的管理方法。

想像農夫要一匹驢子拉車，他拿根長竹竿，把紅蘿蔔懸吊在驢子面前。驢子想吃紅蘿蔔，就會往前走。驢子走累了，或是一直沒吃到紅蘿蔔不高興，牠索性不走了。這時候，農夫拿出棍子打驢子，「你不走是吧？不走，我就打你！」

有些人認為，人就像動物一樣，會趨近享樂、

逃避痛苦，能偷懶就偷懶。如果你乖乖遵守規定，我就滿足你的需求、犒賞你；如果不配合，我就拿走你需要的東西，造成你的痛苦。這個方法到底有沒有效？

「獎勵」跟「懲罰」當然有效！但是，這個方法可以管一時，管不了一世。只要紅蘿蔔或棒子沒了，動力就消失了。如果受控制的一方說：「我受夠了！」這時候，你要不多給獎勵，要不增加懲罰。懲罰跟獎勵都有個限度，你超過了範圍，傷人又傷己。

而且心理學研究發現，獎勵和懲罰也有副作用。一個人原本做事很起勁，根本不需要獎勵，你開始給他獎勵之後，反而會打消他的動機，這個現象叫「過度辯證效應」。有的時候，你提出懲罰的警告，反而會讓人更想犯錯，因為他可能會想：「大不了受罰，反正痛苦一下就過去！」所以，用紅蘿蔔跟棒子激勵人，絕對不是最高明的。

人生金字塔

如果想了解更高明的激勵方法，就得先知道人還有哪些其他的動機和需求。心理學大師亞伯拉罕・馬斯洛最大的貢獻，就是把人的需求分為幾個不同的階層。最底下的階層是「生理需求」，我們跟動物一樣，都需要食物、水和睡眠。再往上一層是「安全的需求」，我們會擔心：會不會有壞人闖進家裡？走在路上，會不會被攻擊？我們希望自己的環境是安全的，於是會有動力確保自己和家人的安全。

當我們吃飽、睡好、覺得安全了，我們會在意身旁的人，希望他們愛我們、給我們溫暖，我們也會渴望有可以依靠的親朋好友，這是第三層「愛和歸屬感的需求」。再上一層，我們會希望自己能夠

得到別人的肯定，比如說：我們想當班級幹部，希望老師及同學相信我們可以帶領班級，這種希望別人肯定我們的需求叫做「尊重需求」。再往上一層，終於來到人類最高尚的需求。當我們的身體和安全滿足了，有歸屬感、也受人尊重，我們開始想要追求夢想，而這個需求就叫做「自我實現」。

馬斯洛的需求層次理論被很多人奉為真理，但是，這個理論能夠說明所有人類的動機嗎？並不能！我舉個例子：為什麼人「愛玩」？玩耍，是為了滿足什麼需求？玩耍能帶來食物和安全嗎？能讓我們有歸屬感、被尊重嗎？好像都不能。可是，人為什麼那麼愛玩呢？心理學家發現，玩耍背後有三個原因：

第一、「自由」，我們在玩的時候，可以決定自己的行為，而人都嚮往自由的感覺。

第二、「駕馭感」，像你開始學走路、學騎腳踏車，每件事情從不會到逐漸熟悉，慢慢愈來愈厲害。人喜歡這個過程中駕馭的感覺。

第三、「新鮮感」，是一種很有吸引力的感官刺激，我們都喜歡新鮮的事情和體驗。

善用愛玩的動力

你愛玩的原因是以上哪一種？不要小看這個問題！如果把愛玩的動力，加上不斷想要進步的恆心，這就是「內在動機」。內在動機指的是：當你想要做一件事，純粹因為這件事讓你覺得有趣，而且你想要把它做得更好。它跟「外在動機」不一樣。外在動機是指：做好一件事會獲得讚美，大家覺得你很厲害，所以你去做。沒做好事情會受到懲罰；或者大家都在做這件事，如果你不做，會覺得很落伍、沒面子。這些「外在動機」背後真正的原因來自於別人，而不是我們自己。

內在動機很特別的一點在於，即使沒有人在看你、沒有獎勵和懲罰、沒有比賽，你還是會做。就像你喜歡拼圖，很享受看到原本凌亂的拼圖逐漸完整的感覺；你喜歡踢足球，因為你喜歡雙腳自由掌控足球的快感。這些感覺不需要別人給你獎勵，因為它本身就是獎勵。而且你能夠自己追求進步，不需要別人的肯定，這就是內在動機。

雖然，每個人的內在動機都不太一樣，但我可以這麼說：如果你有內在動機，會比較容易快樂。而且如果你能夠提煉出自己的內在動機，運用在學業或工作上，你會有了不起的成就。

把功課變遊戲

如果做功課跟打電動遊戲一樣好玩，你可能會更愛做功課吧？有心理學家研究如何把學校和工作設計得更好玩，更能夠激勵人的內在動機，這叫做「遊戲化設計」。老師可以用「遊戲化」的概念，設計一些遊戲關卡，讓學生挑戰破關；也可以用「積分」的方法，讓學生感覺自己不斷在累積進步。我猜，每位學生都會想上這樣的學校。

你可能會說：「偏偏大部分的事情都不好玩，我們必須得做，不然會被處罰、挨罵！」你說得沒錯！人生啊，還是充滿許多我們不想做，但必須做的事情。學習任何東西都可能碰到困難、失去新鮮感，覺得枯燥的時候。這時，我們還是需要依靠一些外在激勵，讓我們能夠繼續努力。

如果你找到自己的內在動機，或者找到真正有價值、有意義的事情，讓你不需要外在的激勵，也會主動努力讓自己做得更好。這時候，馬斯洛大師會怎麼說？他會說：「哈哈！你自我實現了！」祝福你能夠更認識自己，找到自動自發的內在能量。

想想與練習

1. 有什麼事情是你真心喜歡，不需要任何獎勵也願意去做的？
2. 讀書枯燥時，為自己設計一個紅蘿蔔獎勵，鼓勵自己堅持下去。

5. 學語言，有訣竅——語言篇

"語言，是溝通的工具，
不是考卷上的題目而已，
別忘了要常常使用它。"

很多外國人剛開始學中文時，都覺得好困擾，像「過年時街上好不熱鬧」，到底是熱鬧，還是不熱鬧呢？像「東西」，到底是「東」與「西」？還是「東西」？

對你來說，從有記憶以來，就已經聽得懂中文，也會說話了。雖然在學校還是要繼續學寫字、學成語、讀課文，但基本上只要是中文的聽、說、讀、寫，你自然都會了。有沒有想過，你是怎樣學會語言的呢？

牙牙學語叫媽媽

第一個學會的語言，就叫「母語」。究竟嬰兒是怎麼學會母語的呢？我們先來看看母親跟嬰兒是怎麼互動的。

媽媽抱著寶寶，看著他，一直對他說「媽媽、媽媽」，嬰兒只會發出「啊」這樣的聲音。媽媽還是很有耐心的拍拍他，跟他說話，教寶寶說「媽媽、媽媽」。

如果你是一個牙齒都還沒有長出來的嬰兒，只要把嘴唇併攏，然後張開來說「啊」，自然就會發出「媽」的聲音。這也難怪，全世界幾乎所有不同的語言，「母親」的發音都叫「mama」。

我們從「媽媽、爸爸」開始，意識到每個身邊的東西都有名字，每個動作也都有代表的聲音，然後身邊的人說出口的一串聲音，就開始對我們有意思了。我們開始聽得懂，也會自己說了。

動物也會用聲音跟彼此呼叫，像金剛鸚鵡，甚至還能模仿人類講話。我小時候就養過一隻綠色的亞馬遜鸚鵡，我一天到晚對著牠說話，但是牠只學會說一個字：「Hello（哈囉）」，而且還得看牠的心情。其實，這些會模仿人說話的動物，並不會真正的說話。牠們會發出這個聲音，但不懂背後的意思。只有人類才能夠使用「語法」，構成有意義的語言。

語言，是我們說的話、寫的字，是我們用來溝通的方法。專門研究語言的學者叫「語言學家」，他們研究的是一個語言怎麼發展、怎麼變化，跟其他語言有什麼相同或不一樣的地方等等。而心理學家也有人專門研究語言，他們叫「語言心理學家」，他們感興趣的問題包括「語言怎樣影響一個人的思想」、「思想是怎麼變成語言的」，還有一個更基本的問題：人類是怎樣學會語言的？

奇妙的語言

人類使用語言的能力真了不起。聽廣播時，你看不到人，只聽到一串聲音從手機或音響裡發出來，要怎麼把一串各種雜七雜八的聲音，轉換成一個有意義的句子呢？這要很厲害的電腦才能辦到，但對人類來說卻毫不費力。

如果每隔一個字，就把聲音弄模糊，你八成還是能聽得懂。那是因為我們不只是「聽到聲音」才判斷一個字，我們會根據旁邊的字，還有前後的字句，來猜出整段話的意思。

光是聽得懂一個人在說什麼，而且能夠回應對方，就是一個非常複雜的事情。

在冬天，能穿多少穿多少。

在夏天，能穿多少穿多少。

這兩句話裡面的「能穿多少穿多少」，是一樣的多少嗎？哪個多？哪個少？差不多？差多

少？你怎麼知道？

一個剛開始學中文的外國人，可能碰到這題就會說：「我不要學了，中文太難了！」其實不是中文太難，而是中文有某些語法的特點，如果沒有從小學，之後就很難理解。英文也是一樣。每種語言都有獨特之處，有些特別微妙的地方，是只有把它當母語的人才能體會。

學外語，要趁早

語言學者發現，如果我們沒有在小時候聽過某些外國語言的聲音，長大之後再學，會很難分辨出那些細微的聲音差別。但是對從小就說那個語言的人，聲音的差別就很明顯。

所以，學外語要愈早開始學愈好。在青春期之前，大腦可以把新的語言幾乎學到像母語一樣。但進入青春期後，大腦會有一些改變，這個能力就大打折扣了，這叫做「語言習得關鍵期」。

在語言習得關鍵期的研究中，有一個很有名，但讓人特別傷心的案例。主角是一個美國小女孩吉妮，她的父親是個很暴力、很變態的人。吉妮一出生沒多久，就被父親關在一個黑暗的小房間裡，父親不准任何人跟吉妮講話，自己也不跟她互動。吉妮被關了十三年，狀況比囚犯還慘，因為她沒有與任何人接觸過。

可憐的吉妮與世隔絕十三年後，有一天被救了出來。但她從來沒有見過外面的世界，沒有跟人互動過，因此完全沒有語言的能力。且由於長年被關著，營養不良，整個人連走路都很困難。

語言學家從來沒有見過這樣的人。每個人出生後都有大人照顧，也都會跟人互動，因此多少會學到語言，但吉妮完全沒有。她從十三歲才開始學「母語」，經過長期的訓練，學了一些單字，但是她始終沒有辦法把單字組成句子。也就是說，她始終沒有學會語言。

用中文做數學比較快

語言會不會影響人的心理呢？當然會！我們不隨便罵人，不說髒話，也是這樣的原因，因為我們說出口的語言，會直接影響別人的心情。

研究發現，即便小孩子聽不懂大人說的每個句子，也會受到「語氣」的影響。如果在家裡經常聽到爭吵、憤怒的語氣，無論是針對誰，都會讓孩子感受到壓力。這告訴我們：平常要盡量輕聲細語，有話好好說，不要大吼大叫。

語言心理學家還說，你用什麼樣的語言，也會影響你的思考方式。

我是在美國長大的，所以有許多事情我會用英文思考，但是當我做心算的時候，我還是習慣用中文思考。為什麼呢？因為在腦袋裡用中文數數字比較快。會不會因為這樣，所以我們做數學題也比說英文的人快呢？有些學者認為，的確會。

不只是這樣，不同的語言，還會讓你對身邊的人事物有不同的感覺。

像中文有「你」跟「您」，我們對長輩和尊敬的人說「您」，對同輩、晚輩說「你」；但在英文裡，就只有一個「you」，沒有尊敬或熟悉與否的分別。有些語言學者認為，這反映了中國文化對人與人之間禮貌的重視。從小到大都說中文的人，會自然的把每個人分為「你」和「您」兩個層級，不過對從小到大只說英文的

人，這個層級觀念就比較模糊。

在歐洲，有許多語言的名詞都要分「雄性」與「雌性」。例如「一座橋」在德文是雌性的，但是在西班牙文卻是雄性的。這是語言的文法，每個東西都得分性別。

有趣的是，當你要德國人跟西班牙人描述他們心中的一座「橋」時，說德文的人會以「漂亮的」「優雅的」比較偏女性的用法來形容心中的橋；西班牙人則會以「堅固的」「厚實的」比較偏男性的用詞來形容。這表示他們對於橋的基本認識，因為語言的不同而有所差別。

想想看，我們每天說的話、用的字，是不是都在影響我們的思想呢？不同的語言就有不同的思想方式，這個觀念就叫做「語言相對論」。

愈用，愈厲害

如果你正在學習外語，無論是英文、法文、德文，還是韓文、日文或史瓦希利語，只要是後來才學的，就沒辦法像說母語那樣簡單自然。除非你搬到那個國家，身邊沒有一個會說中文的朋友，那保證你很快就學會，這叫「沈浸式學習法」。

如果你沒辦法給自己沈浸式的學習環境，別忘了，學習任何語言都是「愈用，愈會用」。光是背單字還不夠，你得常常使用它，這個新的語言才能夠被你的腦袋靈活使用。記住，語言是溝通的工具，不只是考卷上的題目而已。

根據「語言相對論」，我們說的話會影響我們對事情的看法，這也包括我們對自己說的話。

所以最後要給你一個建議：如果你常說「我得做功課了」、「我得練鋼琴了」，請把那個「得」改成「要」，變成「我要做功課了」、「我要練鋼琴了」。差別在哪裡呢？「得」是「必須」的意思，是別人叫你做的，你沒有選擇；但「要」就有自己的想法在裡面，爭取東西時，你說「我要」，代表你真正想要。

如果朋友來找你，你說「我要做完功課，才能出去。」是不是感覺很不一樣？長久下來，說不定會幫助你變得更自動自發喔！

想想與練習

1. 和爸媽聊一聊，你小時候學會說的第一個詞是什麼？以及你牙牙學語過程中有意思的事。

2. 你開始學第二種語言了嗎？這篇文章對於你學習外語有幫助嗎？

3. 跟爸媽說話時，留意自己的語氣，語氣不同是否產生不同的結果呢？

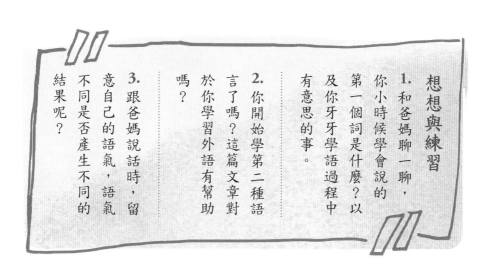

6. 你是怎麼個聰明法？——天賦篇

"一個真正聰明的人，
能夠用自己的智慧解決問題，
並且幫助這個世界。"

你認識的人當中，誰最聰明？為什麼你覺得他「聰明」？自古以來，人們對於「聰明」有許多不同的看法，到底怎麼樣是聰明？什麼是「智力」？讓我們先來認識智力測驗是怎麼發明的。

一八八一年，法國政府開始實施義務教育，規定每個孩子都必須上學。這時，老師們卻發現一個問題：同年齡的一群孩子，有的很聰明，有的學習比較慢。當其他同學都理解了，有些孩子還不懂，全班的進度因此變慢了。於是，老師們需要一種測驗，找出哪些孩子的智力發展比較慢，需要受到更多的照顧。開發這個測驗的工作，就交到心理學家比奈的手上。

比奈是怎麼發明智力測驗的？他從照顧兩個女兒的經驗中，觀察到孩子的智力會隨著年齡逐漸進步。他準備很多從簡單到困難的問題，給不同年齡層的兒童測試，然後統計結果。只要看看各個年齡層的兒童平均能回答哪些題目，就能計算出一個「基準」。比方說，你今年八歲，能夠回答八歲孩子能回答的問題，那你有「標準智商」。如果你能夠一直回答到十歲的問題，那你就是高智商。相反的，如果你今年八歲，但回答六歲的問題就卡住了，你可能學習比較慢，需要加強輔導。

智力測驗的暗黑史

推出智力測驗時，比奈跟老師說：「請不要因為孩子測出的智商偏低，就認為他一輩子都會是個傻瓜。」透過特殊教育，我們還是能讓發展比較慢的孩子，跟上大家的腳步。這是智力測驗最初的目的。

不過，並不是每個人都想用智力測驗幫助弱勢的人，也有人想利用它來限制或區隔大家。

有位研究優生學的科學家名叫亨利・高達德，他相信有些人特別優秀，鼓勵優秀的人多生小孩，同時要讓不優良的人不能生小孩。但是這樣公平嗎？當然不公平！當時，高達德把智力測驗翻譯成英文，不僅在美國的學校裡實施，還讓當時來到美國的新移民、一次大戰的難民們測試。那些被判定為「低智商」的人，就不准進入美國國境，

或是被安排到環境糟糕的地區居住。由於智力測驗曾經有過一段被濫用的黑暗歷史，現在的教育家對智力測驗的態度都很謹慎，因為不希望智力測驗再被濫用，成為歧視傷害人權的工具。

哈佛大學有一位霍華德・加德納教授，他花了很多年研究智力，整理出八種不同的智能。他認為每一種智能都是一種獨特的能力，這些能力在社會上都有專業的發展，也能找到傑出人士作為典範。這些智能分別是：

・邏輯數學智能：這是一般認定為IQ的智力。在這方面有高智商的人，通常在理工科目表現特別傑出。他們適

合擔任工程師、科學家、金融分析師等等。

• 語言智能：語言智能高的人，對文字的使用得心應手。這種人很適合當作家、記者、編輯。

• 空間智能：對空間規劃和應用特別敏感的人，適合當建築師、空間設計師。

• 音樂智能：有些人特別有音樂天分，一首曲子聽幾次就能記住旋律，或是能打出很複雜的節奏，這種人最適合成為音樂家。

• 肢體動覺智能：能夠準確控制，並用自己的身體來解決各種問題。這種人可能是優秀的舞者、運動員、演員，甚至外科醫生也用得到這種智能。

• 人際關係智能：有些人特別會察言觀色，特別懂得怎麼跟人相處，能夠理解對方心裡在想什麼。這種人可以當傑出的業務員、外交官、主管，還有老師。

• 內在關係智能：這是一種能夠對自己高度自省和敏感的察覺能力。有這種智能的人可以當藝術家、哲學家，也很適合當心理學家。

• 自然智能：這是能夠分辨各種花草、培養植物，或特別擅長與動物互動，在大自然的環境中特別自在、活躍的能力。這是最近才被定義的智能，但加德納教授說，這很可能是人類最原始的智能。自然智能強的人在農作、環境保育、生物科學上都可以有傑出的發展。

十八般武藝，你精通哪一樣？

這八種智能，你具備哪幾種呢？其實，每一種智能我們都有，而且也不需要每一種智能都很厲害。就像大家都會運動，都有肢體動覺這種能力，只是有些人手腳特別協調，我們會說他們的運動細胞很好。現在我們知道，這也是一種需要用腦的能力。運動細胞特別發達的人，應該是「四肢發達、頭腦更不簡單」才對。

你可能覺得自己某一種智能特別強，某一種比較弱。如果你在某一種智能上比其他同年齡的人明顯厲害很多，也許可以在這方面多下功夫，逐漸開發自己的能力，達到專業的水準。

當教育家提倡「發掘孩子的天賦」，不是要背一大堆書、塞一大堆知識在腦袋裡，而是透過不同多元的活動，加上觀察和自由發展的空間，發掘自己的主要智能及興趣，然後在那項智能上多一點努力、

多一些栽培。

你不需要十八般武藝樣樣都精通，如果能針對自己厲害的智能多付出心力，達到更多成果，建立自信，這才是一輩子受用的能力。

天才加上汗水

俗話說「行行出狀元」，要成為某一個領域的狀元，需要在那個領域投注很多心力。我很喜歡一句話：「天才是一成的天份加上九成的汗水。」即使你的天賦再優秀，如果沒有持續努力，有一天還是會被超越。你所看到各行各業傑出人士的成就，都是他們的智力加上努力得來的。

要如何找到自己的天賦呢？最好的方法，就是有各種不同的新體驗和學習。參加社團、出門旅遊、結交各種不同背景的朋友，這些都能讓你學到新東西，獲得不同的智力思維。你學得愈多，就愈有心得，愈能發現自己在哪方面得心應手，十之八九你在那個領域就是有天賦。

智能有很多種，世界上也有各種不同類型的聰明人。但聰明有什麼用呢？我認為，一個真正聰明的人，能夠用自己的智慧解決問題，並且幫助這個世界、幫助人類、幫助我們的地球。希望你能夠找到自己的天賦，開發智力，成為一個對社會有貢獻的「聰明人」！

想想與練習：智力測驗玩一玩！

智力測驗怎麼做呢？試著回答下面幾個問題。

一：49、45、41、37、33，接下來的數字是？

二：「鉛筆」跟「寫字」的關係，就好比「剪刀」跟什麼的關係？

A. 畫畫

B. 美勞

C. 石頭

D. 修剪

三：如果五臺縫紉機能在五分鐘內縫出五件衣服，那一百臺縫紉機能在幾分鐘內，縫出一百件衣服？

以上三題很像現代智力測驗會問的類型，大部分的智力測驗題目都圍繞在數學、語言跟邏輯推理這三個方面，而且只能測試幾種思考能力。因此，有些心理學家認為，我們不應該把這種智力測驗當作唯一的標準。通常一個正式的智力測驗需要花費半天的時間完成，也需要一位專業的測試官協助分析，不是花幾分鐘在網路上就能做完。

解答：第一題：29。每個數字比上一個數字減4。第二題：D。第三題：五分鐘。想想看！五臺縫紉機縫五件衣服花五分鐘，一臺縫一件花幾分鐘？還是五分鐘。那一百臺縫紉機縫一百件衣服呢？還是五分鐘。

7. 向科學家學思考——實驗篇

"科學，
就是用實驗來找出真相，
強調能觀察到、測量到的結果。"

小時候，你一定聽爸爸媽媽說過「多喝牛奶才會長高」吧，這是真的嗎？為什麼有些同學不能喝牛奶，個子還是很高呢？大家總是把喝牛奶跟小孩的生長發育聯想在一起，這是因為之前有很多相關的科學研究，發現有喝牛奶的人通常身高比較高，因此推論牛奶可以提供發育期所需的蛋白質和鈣，所以有助長高。

我們常聽到新聞上說，經過科學家「研究」證明。「研究」到底是什麼啊？為什麼我們要相信科學家說的話呢？為什麼他們的研究方法，能給我們一個比較可信的答案？讓我們也發揮科學家的精神，動動腦，學習「科學實驗」的思考方式吧！

像偵探一樣追追追

科學，就是用「實驗」來試圖找出真相；而科學方法強調的，是我們能夠觀察到、測量到的結果。

我用一個貼近生活的例子來說明：假設你平常晚上都很容易睡著，突然有一整個星期，每天晚上都翻來覆去睡不著，你一定很想要找出原因吧？這時候你會想：這個禮拜有沒有做什麼跟平常不一樣的事情呢？也許這就是睡不著的原

因。

接著，你再列出幾個可能的原因：中午有睡午覺，所以晚上不累；最近天氣太熱了；要準備考試，感覺有壓力。這些根據你的觀察而列出的可能原因，就叫「假設」。

現在有三個假設，可以一一來測試它們。要怎麼測試睡午覺就是晚上睡不著的原因呢？很簡單，只要幾天不要睡午覺，看看晚上是否還睡不著。結果你發現，沒有睡午覺的那幾天，雖然晚上比較累，但還是很難入睡，所以「睡午覺」的假設就不成立了。

是不是因為最近天氣變熱，房間太熱，所以睡不著呢？搬個電風扇到房間裡，如果房間有空調就打開，讓房間涼快，看看是否還睡不著。結果你的實驗發現，你還是睡不著。那麼「天氣熱」的假設也被推翻了。

是不是因為你要準備考試，心裡有壓力，才睡不著呢？我們都有過這種經驗，因為心裡記掛事情，所以睡不著。如果這個假設是真的，等考試結束，就應該很好睡了。結果考完了，考卷也發回來，你這次考得還不錯，所以心裡沒壓力了，但偏偏晚上還是睡不著。「考試假設」也被推翻了。

困惑的你這時突然想到：你下午都有吃點心的習慣，最近吃點心時，都有喝一大杯冰紅茶。會不會晚上睡不著，跟下午喝的冰紅茶有關係呢？來試試看不喝冰紅茶會怎麼樣。結果，當晚你臉一碰到枕頭就睡著了，而且一覺到天亮！

你可能找到原因了！但光測試一次還不能確定，所以你決定花十天時間，一天喝冰紅茶、一天不喝。實驗十天下來，你發現，只要下午有喝冰紅茶，當晚都比較難睡著。你用自己的經驗，證實「冰紅茶

假設」——如果下午喝一大杯冰紅茶，晚上就會睡不著。你想出各種可能的原因，然後一一測試這些「假設」，這就是做實驗的精神。

冰紅茶假設

有一天，你跟同學吃點心的時候，跟他說：「你不能喝這杯冰紅茶喔！不然晚上會睡不著！」

他說：「我不相信！也許只是你的身體很奇怪吧！」

你說：「我覺得下午喝冰紅茶，真的會讓人晚上睡不好，不只是我而已！」

但你的同學不相信，於是兩人決定打賭。你的假設是：「下午喝冰紅茶會讓人晚上睡不好。」你同學的假設是：「下午喝冰紅茶不會影響晚上睡眠。」

你們請全班四十個同學來做實驗，選二十個同學，當天下午喝冰紅茶，另外二十個同學下午喝水就好，然後隔天再問他們當晚睡得如

何，互相比較一下。你覺得要怎麼挑選同學，才公平呢？是你選你的朋友，他選他的朋友嗎？不，最公平的方法，應該是抽籤決定。這樣不會因為我是你朋友，就刻意回答你想要的答案。

你們各隨機抽了二十個同學，下午給每個人喝一大杯冰紅茶，這一組就叫做「實驗組」。其他二十個同學下午給他們喝一大杯白開水，這一組叫做「對照組」。然後你們一起跟全班說：「大家明天要告訴我們，晚上睡不睡得著？」但這時候有人舉手問：「怎樣算是睡不著呢？五分鐘睡不著就算嗎？」這個同學的問題其實非常重要！

我們做科學實驗的時候，一定要讓大家用同一個標準來測量結果。經過一番討論後，全班同意：如果今天晚上，你在平常睡覺的時間上床後，閉著眼睛半小時還沒有睡著的話，就算是「睡不著」。

第二天，在實驗組中，二十個喝冰紅茶的同學裡，有十八個當晚搞了半個多小時都睡不著，有兩個在半小時之內睡著了。在「對照組」裡，喝水、不喝冰紅茶的同學中，有十六個睡著，四個睡不著。

這時候你同學說：「啊哈！你的二十個人裡面，還是有兩個睡著了！所以不是喝冰紅茶就一定會睡不著！你輸了！」你覺得他這麼說，有道理嗎？

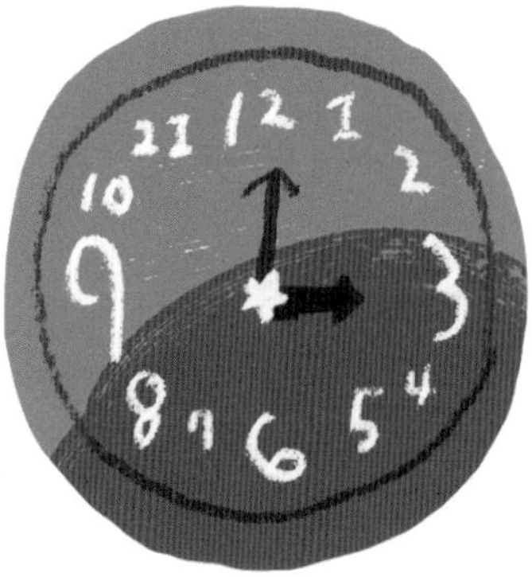

雖然喝了冰紅茶的同學不是百分之百都睡不著，但二十個同學裡有十八個睡不著，等於是九十％的「實驗組」同學都睡不著。再看看「對照組」，只喝水的二十個同學裡，有四個睡不著，只有二十％睡不著而已。九十％睡不著，跟二十％睡不著相比，差別很大吧！如果冰紅茶完全不會影響睡眠，那喝冰紅茶睡不著的同學，應該跟喝白開水睡不著的人數差不多才對。但這兩組人比起來，顯然結果很不同，因此我們不能說「喝冰紅茶跟睡眠完全沒有關係」。所以這次打賭，你贏了！

上面介紹的，就是心理學、社會學，甚至生物學和其他科學家做實驗的思維跟方法。

從好奇心開始

一切都從好奇心開始，先想：「為什麼會這樣？」然後想出各種可能。接著，科學家要用實驗的方法，來測試這些假設。這就是做實驗的精神。

我要特別強調的是，剛才的例子裡，每個喝了冰紅茶的同學，都有睡不著嗎？沒有。其實還是有兩個同學睡得好好的，所以我們還不能說：「如果你下午喝一大杯冰紅茶，你『一定、一定』會睡不著。」我們只能說：「你很有可能會睡不著。」

往往我們做實驗的時候，不會得到一個「百分之百」的絕對結果。我們需要比較「實驗組」跟「對照組」的差別是否夠大，來判斷實驗是否證明了我們的假設。所以下次當你聽到「實驗證明」這樣的話時，就知道這表示有科學家用了這種方法，證明自己的假設。但說不定改天又會有人想出一個更好的假設，然後再去做實驗，證明這個假設。科學為什麼比較可信，是因為科學家需要認真的做實驗，才能證明自己是否是對的。

回到開頭的問題：「喝牛奶，真的能幫助長高嗎？」其實之前

就有不少科學家針對這個問題做過實驗，我在網路上也看了很多不同的實驗報告。基本上可以這麼說：喝牛奶並不會「一定」讓你長高，但之前的實驗證明，小時候喝牛奶對於後來的身高「不會完全沒有幫助」。所以，還是寧可多喝點牛奶吧！

想想與練習

1. 日常生活裡，有什麼事可以讓你發揮實驗精神？你會怎麼做呢？

2. 你有聽過什麼似是而非的說法嗎？在網路上找看看有科學家做過實驗嗎？

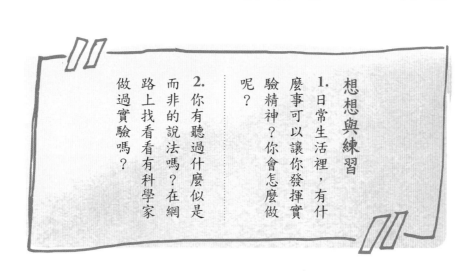

8. 怎樣記才不會忘——記憶篇

要記住很多事情，
須用對方法，
一直複誦、死記，記憶並不持久。

你有沒有忘記帶聯絡簿回家、忘記帶作業到學校的經驗？不只是你，連大人也會有這種尷尬的時候。像媽媽在煮菜，忘了關火跑去接電話，結果鍋子燒焦了；爸爸下班回來，忘記去乾洗店取回乾淨的衣服等等。

其實，每個人多多少少都有健忘的經驗，根據專家的說法，這種暫時性的遺忘是正常的，而這些都跟人的記憶有關。讓我們來認識一下記憶的特質，並學習幾個技巧，幫助改善記憶力吧。

考考你的記憶力

想想看，當我們看一張圖片的時候，眼睛是否像照相機一樣，「喀嚓」就把那個畫面整個存到腦袋裡去了呢？

不是，即便我們把大腦整個翻開來，也找不到那張圖片。為什麼不把整個畫面都存進去呢？大腦跟電腦的記憶體一樣，如果要儲存更多訊息，就需要更多容量，如果什麼都要記住的話，腦力根本吃不消。所以，我們的大腦會選擇記住它認為重要的訊息。然後，大腦把訊息從「短期記憶」，再挑選一些出來，搬到「長期記憶」去。

什麼是短期記憶呢？我們來做一個記憶測驗。

下面有一連串數字，把它記下來。但是不能寫下來，不可做筆記，純粹靠自己的記憶，看你能記住幾個數字。

6 7 0 5 2 8 4 7 3 9 3 8

好，剛才那段數字，現在要請你背出來，或是把它們寫下來。你答對幾個數字呢？

如果你能記住五個到九個數字，都算正常；如果你能記住超過九個的話，就算是蠻厲害的。你可能會發現，當數字一多的時候，前面的數字就開始在記憶裡消失了。這是因為這些數字存在我們的「短期記憶」，容量很有限，大約是七個訊息單位。

短期記憶那麼短，有什麼用啊？其實，我們經常在使用它。例如，當我說這句話的時候，你就正在用短期記憶來記住這句話的開頭，不然你會聽不懂我在說什麼。

入住記憶旅館

記憶就像一個旅館，旅館內有很多房間，住著我們的長期記憶。短期記憶就像旅館的大廳，新的記憶進來的時候，就像是要入住的客人。你剛到旅館時，不是都要在大廳辦理入住手續？記憶也是一樣，在大廳先報到，再拿到鑰匙住進旅館的房間。

大腦有個部位叫「海馬迴」，就像是記憶旅館的前臺，專門負責把記憶發送到大腦各個不同的地方儲存起來。這個前臺實在很辛苦，因為新的客人絡繹不絕一直進來，如果前臺不很快把記憶送到房間去的話，記憶就會跑掉！

你還記得剛才的那串數字嗎？除非你把它寫下來，否則應該早就忘記了。為什麼？因為我們如果沒有花心思把它們儲存到長期記憶裡，大腦認定沒那麼重要，就會讓它消失了。

問題是，像學校的課文、那些你需要背誦的單字，和國家首都的

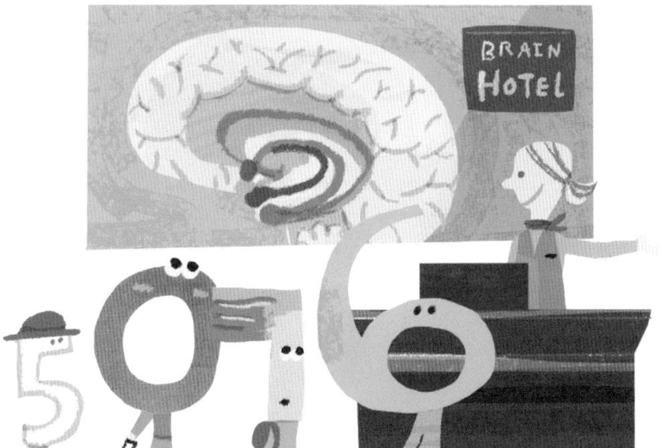

名字……等等「資料」，全都需要入住到你的記憶旅館裡。你的記憶前臺早就忙不過來了，偏偏你又對這些知識沒太多感覺。這時候該怎麼辦呢？

我們再來做一個記憶測驗。

請先準備一張紙，一支筆。下面有十五個東西的名稱，你看過後盡量把它們記下來，但先不可記筆記，也不能寫在紙上。

猴子、鑰匙、獅子、禮物、保險櫃、課本、貼紙、顯微鏡、長頸鹿、毛巾、膠水、老鷹、跳傘、短片、獎盃

好！請在紙上寫下所有你能夠記得的東西。不需按照順序，想到就寫下來。

你寫了幾個呢？如果你寫滿十五個的話，那了不起！你應該有用一些記憶技巧。

十到十五個，算是蠻厲害的；十個以下，還算正常；少於七個，嗯，那請繼續看下去……

其實，我第一次做這個練習時，記住十個都有點困難。不過我要教你一個技巧，讓你至少記住八、九成以上！

超強圖像記憶法

我要用剛才那一串東西，講一個故事。請跟著我的描述想像故事裡的畫面。

有一天，猴子拿著一把鑰匙，見到了獅子。獅子給猴子一個禮物，猴子就把鑰匙交給獅子。獅子拿著這把鑰匙，打開了一個保險櫃。保險櫃裡面，有一本非常珍貴的課本，課本上面，貼了一張會閃閃發光的貼紙。獅子找牠的夥伴長頸鹿來，用顯微鏡看這張貼紙。長頸鹿看了之後滿頭大汗，想用毛巾擦臉，但發現毛巾上都是膠水，沾滿了牠的毛，長頸鹿沒辦法呼吸了！趕緊呼叫老鷹，老鷹從天上「啪」的跳傘下來，救牠的朋友長頸鹿。這件事被其他動物拍成短片，老鷹成為了英雄，還獲得一個獎盃。

現在，請你拿一張白紙，試著用一分鐘的時間，回想整個故事與畫面，然後寫下故事裡出現的那些東西。如果你剛才有認真看這個故事，並且也跟著想像畫面，應該會發現很容易記住比上一次更多的內容。為什麼會這樣呢？

第一、大部分的人比較擅長「圖像記憶」。當你把每個東西想像成一個生動的畫面，會比較容易記住。

第二、大腦喜歡把東西串連在一起。光是你把東西想成兩或三個一組，像是猴子拿著鑰匙，獅子拿著禮物，保險箱裡面放著什麼，這樣更容易記起來。

當我們把一些原本沒有關聯的東西，想像成一個有畫面、有劇情的故事時，也就等於讓這些猴子、獅子、老鷹，能夠手牽手一起從記憶旅館的大廳走進長期記憶的房間。

想記住很多事情，一定要用對方法。如果你只是一直複誦、默寫、不斷看課文，雖然還是可以把東西背起來，但那種「死背」的方法並不太持久。不如去動動腦，發揮一些想像力，說不定很久之後你還記得長頸鹿用毛巾擦臉，然後被毛巾黏住皮毛的畫面呢！

記憶一旦住進旅館房間之後，就一輩子待在裡面了嗎？這可不一定。

我們不但會忘記，記憶還可能改變！當我們有了一些新的經驗，還可能會跟舊記憶混在

一起。像剛才列出的十五個東西，你有沒有寫出一些你以為有但其實沒有的東西？這就表示你的新舊記憶已經混在一起了。

如果你想要加強自己的記憶，最好的方法就是把那些平常拍的照片、影片、筆記，不時拿出來看一下，喚醒自己的記憶。

睡不飽，記不好

近年來科學家發現，「睡眠」對我們的記憶非常重要。當我們睡著時，就是大腦整理記憶的時候。實驗發現，如果你在學習後馬上去睡覺，會更容易記住學習的東西。還有個實驗發現，熬夜不睡的時候，記憶力測驗的表現會降低四十％。這就像一個睡飽的學生有一百分的能力，沒睡覺的學生卻只有六十分，睡不飽，等於記憶不及格耶！

雖然我們有時會覺得自己根本不睏，不想睡覺，睡覺好浪費時間啊！但從記憶的角度來看，這一點也不浪費，反而是必要的。

了解了「記憶」的各個特點後，希望你下一次要記憶事情的時候，能多動動腦，發揮一些聯想力和想像力，讓事情更容易住進你的長期記憶旅館裡。但也別忘了偶爾讓你的記憶出來放放風，回想之前考試考過的一些內容。即便你偶爾這麼做，你會發現，到了年底期末考之前，你的同班同學早把之前學的東西忘光光，你還記憶猶新呢。

想想與練習

1. 回想一件你最難忘的事，是什麼因素讓你難以忘記呢？
2. 練習用「圖像記憶法」記憶需要背起來的課文。
3. 跟朋友一起分享彼此擅長的記憶法。

9. 專心，其實很燒腦——專注力篇

專心是可以練習的，
只要方法對了，
你就能專心不會累。

你會不會覺得上課專心很難？要維持一整節課不發呆、維持專注，真的很累人。但是，為什麼我們看卡通時，一點都不覺得累呢？我兒子在看最愛的皮卡丘卡通時，我站在他旁邊，一直叫他「嘿！兒子啊，哈囉。」他都聽不到。有時候，我覺得自己非得穿上皮卡丘服裝，在他面前跳來跳去，才會引起他的注意。為什麼這種時候，專心一點都不難呢？現在，就請你放下手邊的事，關上電視、闔起電腦、放下手機，讓我們一起進入「專心的世界」，好好來探討這個問題。

專心，是一種很複雜的思考能力。你想想，下課鐘聲響起，同學們吆喝到操場打球，友人相約上廁所，你在一個很吵雜的環境裡。這時如果一位同學跟你講話，你就得特別專心，才能聽得懂他在說什麼。

首先，你要選擇把精神專注在某一個訊息上；

再來，你得要能夠分辨出那個訊息；

同時，你還得要忽略其他不相關的訊息。

心理學家曾經針對「專心」做過一個實驗：給測試者戴上耳機，左耳出現一個人在說話的聲音，右耳有另一個人說話的聲音，講的是完全不同的內容。測試者有辦法同時聽得懂這兩個人在說什麼嗎？

實驗發現，這是

沒有辦法的。當我們專心聽左耳的聲音時，右耳的訊息就會遺漏。如果你覺得自己能夠同時聽兩個不同的人跟你說話，那是因為你的專注力在兩個人之間很快的換來換去。但是在切換的過程中，難免會有訊息漏掉。這也就是為什麼當我們專心看卡通的時候，旁邊的人跟我們說什麼，我們好像有聽到，但是並沒有真正聽進去。我們只知道有個嗡嗡嗡的聲音，在耳朵旁邊不停響起。

聲東擊西的把戲

我們能夠專心的範圍，其實很有限。這也就是扒手能夠輕而易舉扒走我們錢包的原因。扒手通常兩個人一組，一個人故意撞我們一下，或拍拍我們的肩膀，引起注意的同時，另一位扒手搭檔，就從我們的背包或口袋偷走錢包。這種技巧，就叫做「專注力誤導」。平常我們應該能感覺到，但是當有另一個更強烈的刺激，像是被人突然撞一下或拍肩膀時，我們的注意力就會被誤導，無法全面專注。

幾乎所有的魔術，都是靠專注力誤導的技巧在進行。我們知道魔術師在耍把戲，刻意誤導我們，我們想辦法提高專注力，期待能拆穿他的把戲。厲害的魔術師，還是能讓我們猜不透，透過一連串的誤導，讓我們覺得似乎看到了奇蹟。我們雖然覺得自己有辦法注意到很多事情，事實是只會注意到大腦認為我們應該注意的部分而已。我們時時刻刻都在做選擇，決定環境中什麼是比較重要的訊息，什麼是應該專心注意的訊息。

專心好難

專心的反義詞「分心」，有許多不同的狀態。有時我們是完全放空，好像沒有注意任何事；有時候，我們專心在別的事情上，而忽略了其他部分，例如：上課時，想別的事情、作白日夢，或是我們被窗外發生的事情所吸引。

有一個很有名的「斯特魯普實驗」，可以讓你體驗專心的困難。這個實驗需要準備兩張圖片，第一張圖片是由五種不同的顏色：黃、綠、藍、紅、黑，所組成的顏色方塊（圖一）。設定好計時器，按下「開始」之後，請你以最快的速度，從左到右講出每個方塊的顏色，看看你需要花多久的時間。

第二張圖片（圖二），你會看到國字，分別是「黃、綠、藍、紅、黑」，不過每個國字上的顏色和意思並不一致，例如：「黃」這個字是綠色的；「綠」這個字可能是紅色的。請你一樣計時，以最快的速度唸出每個字的顏色。記住，是唸出國字的顏色，不是唸出國字本身，例如「黃」這個字是綠色的，你就得唸出「綠」，而不是唸出「黃」。如果你有跟著做實驗的話，你會發現唸完第二張圖片所花的

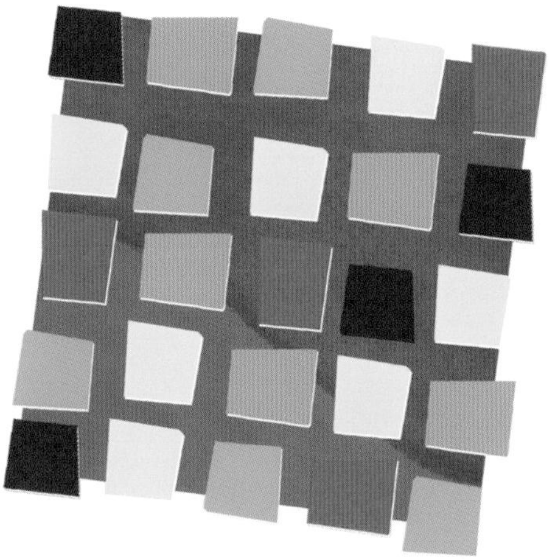

（圖一）

時間，會比第一張圖久得多。

這個視覺實驗讓我們對於「專心」有了重要的理解：當我們遇到兩種不同的訊息重疊在同一個範圍時，我們就需要花很多力氣來維持專注。這就是為什麼當我們唸書的時候，最怕旁邊有其他同學在聊天。即便你刻意不去注意聽別人在說什麼，還是需要花力氣忽略不相干的訊息。這時候，最好的方法就是戴上耳機或耳塞，放些音樂，把同學講話的聲音隔絕在外。

如果你習慣念書的時候聽音樂，建議你聽曲子，而不是歌曲。因為歌曲裡的歌詞也算是語言，等於多了一層訊息必須過濾。當我需要專心時，最喜歡聽大自然的聲音，例如：雨聲或是叢林裡的蟲鳴鳥叫。這種聲音透過耳機特別能阻

（圖二）

擋外界的聲音，有助於維持專注。

如果要專心閱讀或複習考題的話，我建議你開始之前，先把書桌清理乾淨，讓眼睛看到的範圍，盡量沒有其他雜物。手機更不用說了！最近有研究發現，只要我們把手機放在桌上，即便螢幕是黑的，光是它出現在我們的視線範圍內，都會使我們的專注力受到影響。手機，真的是現代人專注力的剋星。

專心是可以透過練習達成的技巧，也是每位同學必備的用功項目。除了減少分心的機會，我們也要學會主動專注，而不是被迫專注。只要能控制自己的專注力，絕對事半功倍！

想想與練習：專心小技巧

如果希望自己能更專心，請試試以下的小技巧：

一、**耳不聽為淨**。安靜的地方比較能讓人專心。如果你找不到安靜的地方，戴上耳機，聽一些沒有歌詞的曲子或大自然的聲音。

二、**眼不見為淨**。書桌、身邊的環境維持整齊。如果你要專心，最好眼前只看到需要專心的東西。

三、**定時休息**。維持專注時間久了，身體一定會疲累。疲累時，更難阻擋讓人分心的訊息，效率也因此降低。建議每小時休息十幾分鐘，看看遠方，讓眼睛休息，轉換一下心情，能讓專心更持久。

四、**釋放體能**。如果你心浮氣躁、靜不下來。可以先動動身體，釋放一些體能，然後沖個澡，讓心裡平靜，更容易專心。

五、**休息片刻**。如果你很疲倦，可以先小睡一下，最好不要超過二十分鐘。休息片刻後的效率會更好。

10. 大腦如何開竅？——學習篇

如果你不願意學習，
沒有人能夠幫助你；
但如果你有決心學習，
沒有人能阻止你。

你聽過一個古老的印度寓言故事「瞎子摸象」嗎？一群盲人聽說有種叫做「大象」的動物來到鎮上，他們很好奇，想知道牠長什麼樣子。他們對彼此說：「雖然我們看不見，不過可以透過『觸摸』來了解大象的樣子。」

第一位盲人伸手，摸到大象的鼻子，大叫：「原來大象就像一條蟒蛇。」第二位盲人摸到了大象耳朵，聲稱「大象是一把大扇子。」

接著，有位盲人摸到象腿，就說：「其實大象是一根柱子。」有盲人摸到大象的身體，就說：「不對，大象是一堵牆。」還有盲人摸到了大象的尾巴，覺得大象是一根繩子。輪到最後一位盲人，他摸到了象牙，認為大象是一把長劍！

到底哪一種說法才是大象呢？都是，但也不完全是。每位盲人形容的樣子都沒錯，不過他們只形容了自己觸摸到的部位。

關於「學習」這件事，聰明的科學家和心理學家用各自不同的方法，得到了不同的結論。讓我們來認識幾

位「學習專家」，以及他們的發現。

蘇格拉底教開竅

兩千多年前，古希臘哲學家蘇格拉底認為，所有的「智慧」早就存在我們的骨子裡，我們只是不知道自己已經知道了。我們要怎麼喚醒自己的智慧呢？關鍵就在有個老師跟你對話，不斷的問你問題，讓你反覆思考。在來回思辨的過程中，你會愈來愈明白，然後就突然「開竅」。他當時就是用這個方法，讓一個完全不識字的奴隸，學會艱深的幾何數學。

按照蘇格拉底的意思，我們再也不用上課學習了嗎？因為我們應該知道的知識，已經都在我們的腦袋裡了？當然不是！蘇格拉底強調的「思辨」技巧，是運用自己已經知道的知識，來理解不知道的事情，這是很重要的學習技巧。

第二位學習專家是德國心理學家赫爾曼•艾賓浩斯，專門研究

「人為什麼會忘記？」他研究的方法特別自虐，他逼自己背一些極為艱深的生字。這麼做的目的，是為了觀察自己多快會把這些生字忘記。他甚至把忘記生字的速度製成了圖表，圖表上呈現的特殊曲線，叫做「遺忘曲線」。

艾賓浩斯的研究發現：我們剛學的東西一開始會忘得很快，如果中途有複習的話，就會記得比較多。他還發現，最好的複習時間是學習的當天，和之後的兩三天。如果在這段時間內能把握機會複習，而不是等到幾個星期後，快考試才開始複習，整體的學習效果會更好。

還有位學習專家是美國心理學家愛德華

・桑代克，他的理論是：學習，是為了解決問題。當我們每次碰到問題，會嘗試各種解決方法，找到了一個能夠解決問題的方法之後，就等於我們學會了。生活上有許多習慣，都是這樣學來的。他還發現一個重要的概念：自己發現的方法，最容易記住。

馴獅的方法

美國心理學家B. F. 史金納，對學習的想法恰好跟蘇格拉底相反。他認為，人最初來到世界什麼都不知道，就像一張白紙。我們所有的行為，都是透過經驗學習而來的。你做了一件事，如果可以得到獎勵，就會一再重複做；如果做一件事，受到了懲罰，那你未來就不會這麼做。這就是學習。

馬戲團裡會耍特技、表演的動物，就是用這套方法訓練出來的。從這裡我們知道，給自己設定一些獎勵，的確能讓我們更有學習的動力。但是，也必須考慮到人不同於動物，不能只用獎勵跟懲罰的方式。

瑞士心理學家尚・皮亞傑則發現，人的大腦是會逐漸發展成熟的器官。年紀小的孩子沒有辦法理解事物，不只是因為他們聽不懂，而是因為他們的大腦還沒辦法思考那麼複雜的事情。

在皮亞傑之前，人們覺得孩子只不過是缺乏經驗的小大人。現在我們知道，每個年齡都有適合學習的東西。有些家長希望孩子從小就能熟讀四書五經，雖然孩子勉強聽得懂、也能背誦，但字句之間抽象的概念和思想，其實對七歲孩子來說，還是超出

他們能夠理解的範圍。

前蘇聯心理學家維高斯基認為，人最主要的學習方法，是透過模仿身邊其他人的行為。他提出，最好的學習是由大人帶領孩子，讓孩子從旁模仿、學習。這個過程就好像師傅帶著徒弟，跟他說：「看我示範，你跟著做。有一天，你也能學會。」

你適合哪種學習方法？

認識了這麼多學習理論，能夠幫助我們學習嗎？絕對可以！不過，我告訴你怎麼打網球，並不能馬上讓你成為一個厲害的網球選手。知道了理論，你還是得實際練習技巧。我們來總結一下這六個學習原

則，看看它們可以如何運用在我們的生活裡。

一、學習需要思辨。不是光把課文背熟，我們就能掌握知識。要如何思辨呢？想辦法應用在自己的生活中，就是一種思辨的過程。不要光死背，而是要活用。

二、忘記很正常，所以我們要盡快複習。如果我們學習一件新事物，三天內能夠複習的話，哪怕只花一點點時間，對於記憶和學習效果都能事半功倍。

三、自己想的答案，記得最清楚。在學習時，盡量自己設計考題，問自己問題，給自己考試，會比重複看課文來得有效。

四、給自己設計獎勵跟懲罰。例如，你專心看完一本書，就犒賞自己玩半小時的遊戲。但是如果你無法專心，就處罰自己做二十個伏地挺身。給自己一些挑戰，但處罰不能太兇，犒賞也不要過大。重點是你能不能靠自己克服挑戰。

五、大腦是會發育的器官，要保持大腦健康。適當的作息和飲食，能讓我們變得更聰明。至少，我們不要因為壞習慣而讓自己變遲鈍，對吧？

六、與更厲害的人一起學習。我們可以多跟身邊有良好習慣的學長、學姊相處，幫助我們理解課業。慎選朋友和學習夥伴，在開心相處的同時，讓自己不知不覺也跟著進步。

沒有一種學習方法適用所有的學生。這六個不同的原則哪一個適合你，得由你自己嘗試實驗，直到找出效果最好的。最後我想跟你分享網路上看到的一句話：「如果你不願意學習，沒有人能夠幫助你；但如果你有決心學習，沒有人能阻止你。」快開始把這些原則應用在你的學習上吧！

想想與練習

1. 把你現在正在學習的課文，花一點時間設計問題，考自己。

2. 主動當同學的小老師。教別人，自己是不是印象更深刻呢？

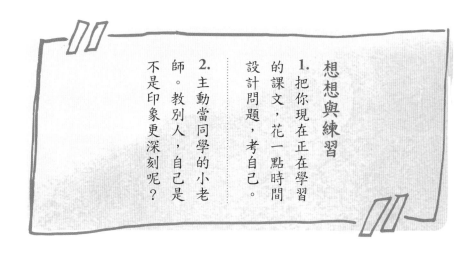

11. 量身訂做好行為——習慣篇

習慣都是累積來的，
培養好習慣不只靠意志力，
更要靠聰明的設計。

你刷牙是先刷左邊？還是右邊？刷牙是一個習慣動作，如果請你換個順序刷牙，儘管還是可以刷完，但是會覺得動作很不自然。每個人都有許多生活習慣，例如，起床後睡覺前固定要做的事、什麼時候吃東西、放學回家走的路線……等等。根據專家估計，每個人一天當中，大約有四成的行為都屬於「習慣行為」。

習慣是怎麼來的？心理學家愛德華．桑代克設計一個貓咪「密室逃脫」的實驗，發現了「習慣」的理論基礎。桑代克的實驗是把貓放進一個密閉的黑箱子裡，貓咪不喜歡被困在黑箱子裡，會喵喵叫、跑來跑去、聞來聞去，不停的找出口。其實箱子裡有一個槓桿機關，只要撥動槓桿，出口就會打開。

密室逃脫

有些貓咪找來找去，不小心撥開槓桿，跑出來。這時候，桑代克會把貓咪放回黑箱子裡。他發現，重複放進箱子幾次後，這些貓就會「悟得」訣竅：自己撥開槓桿。任何一隻貓只要經過二、三十次的練習後，都能在六秒內快速逃脫。而且，就算把牠們放進別的箱子

裡，牠們第一時間也會開始找機關在哪裡。

桑代克的結論是：當貓咪發現重複幾次都能解決同樣的問題，那套行為就會被牠學起來，成為一個習慣。

想一想，那隻貓咪的「問題」是什麼？貓咪想解決的問題是牠被困住了，想要獲得自由。牠發現的方法是什麼？撥開槓桿。有人教牠嗎？沒有，牠是自己發現的。但重複幾次之後，貓咪也學到訣竅，變成習慣。

習慣迴路

無論是貓、狗還是人，習慣養成的道理都一樣。你會不會跟實驗裡的貓咪一樣，也有受困、想要獲得自由的時候？如果爸媽不准你出去玩，交代你一定要待在房間裡，直到做完功課才可以出去。雖然門沒有上鎖，但你心裡很煩躁，好像被困住一樣。

你隨手拿起一本漫畫，突然間發現，那種不耐煩的感覺全都消失了！原來，看漫畫竟然能讓人放鬆心情。重複幾次之後，舒緩受困的感覺，開始跟看漫畫連結在一起。下次當你一個人在房間，面對枯燥功課的時候，你最想做的就是拿起漫畫。這就是桑代克稱為「連結主義」的理論。

後來的心理學者，就從連結主義的基礎上繼續研究，發展出一套「習慣迴路」理論。習慣迴路有四個要素，第一個是

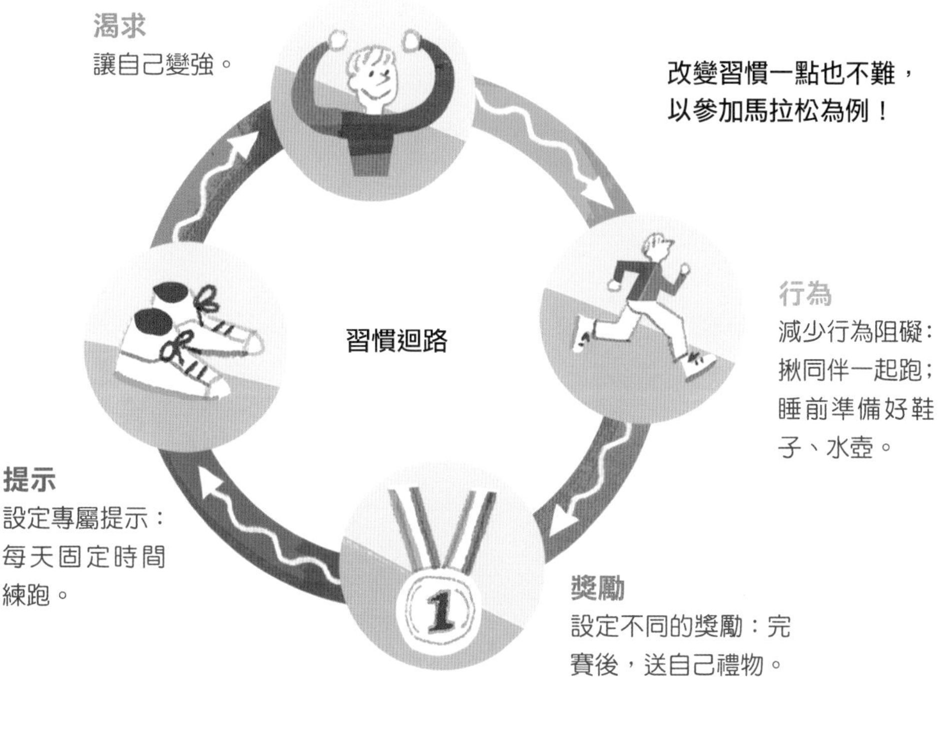
渴求
讓自己變強。
改變習慣一點也不難，
以參加馬拉松為例！
習慣迴路
行為
減少行為阻礙：
揪同伴一起跑；
睡前準備好鞋
子、水壺。
提示
設定專屬提示：
每天固定時間
練跑。
獎勵
設定不同的獎勵：完
賽後，送自己禮物。
1

「提示」，當你走進房間準備做功課，房間的環境和功課，就成了提示。當我們被環境或情況「提示」的時候，會不自覺想起自己的「渴求」，這是第二個要素。

當你一個人在房間，產生的渴求是解決自己待在房間裡的苦悶。當「提示」加上「渴求」，就會啟動第三個要素「行為」，例如拿出藏在床底下的漫畫。如果看漫畫讓你感到愉悅，能夠滿足你的渴求，這個行為就會帶來第四個要素「獎勵」。

這四個要素是怎麼運作的呢？我們的大腦雖然有理性的一面，會考慮事情的後果，不過，我們也有憑感覺做決定的一面。憑感覺做決定時，不會考慮到後果，什麼事情能夠「立刻」解決問題，就是當下最好的辦法。

因此獎勵愈早出現，愈能解決問題，愈能跟行為綁在一起，也就愈容易形成習慣。這就是為什麼好習慣的養成很困難，壞習慣卻很容易養成。想一想，所有的壞習慣，好像都有一個特點：它們提供立即的獎勵。例如：滑手機，能立刻解悶；玩遊戲，能馬上提供快樂；大人抽菸喝酒，也是因為他們覺得這樣做，能讓他們立刻放鬆。以為能放鬆的行為假象，重複幾次之後，就變成壞習慣。

習慣都是累積來的

好習慣又有什麼特點呢？好習慣的獎勵，通常要很長一段時間才會出現。複習功課、練琴、背單字的時候，當下並不會有任何獎勵，而且過程往往充滿痛苦。通常要等到考完期末考、上臺表演後，你的努力才會有收穫，獎勵才會出現。

現在，請你想一想自己的壞習慣，以及你想要培養的好習慣。你有沒有辦法講出「提示」、「渴求」、「行為」和「獎勵」分別是什麼呢？如果你能清楚說明的話，可能會發現壞習慣的確是因為有立即的獎勵，特別容易養成；而好習慣的獎勵，沒辦法立刻獲得，所以變得很難養成。

怎麼培養好習慣呢？你可以跟爸媽一起討論，設計你想要的「好習慣迴路」。一開始，需要做很多調整，可能也會失敗。但你要相信自己，這些都是優化的過程。慢慢的，你會找到屬於自己最好的方法。

請記住，所有的習慣都是累積而來的。你只要每天重複做，更好的是每天在同一個時間做，最理想的是每天在同一個時間、同一個地點做。希望有一天你會發現，其實培養習慣沒那麼困難。真正的自律，不只是靠意志力，而是靠聰明的設計。

想想與練習：培養好習慣三訣竅

一、設定提示。讓每個環境有一個專屬的行為。例如，你的書桌只用來做功課，如果想看小說、看漫畫，就選擇坐在沙發。設定明確的提示之後，也可以跟時間綁在一起。例如，你每天都在同一個時間去圖書館念書，重複一段時間之後，時間到了，你會覺得自己應該去圖書館。

二、減少阻礙。減少行為中可能碰到的「阻礙」，行為愈容易做，習慣就愈容易養成。如果你每次去圖書館前，都會慢吞吞的整理東西、收拾書包，很可能拖到後來就不想出門了。試試預先把東西準備好，時間一到，拿了包包就走，可能會是好辦法。

三、設定獎勵。讓行為與獎勵牢牢連結在一起，讓自己對這個行為有正面好感，更容易建立習慣迴路。像是你喜歡看卡通，只要你專心念書兩個小時，就允許自己看一集卡通。過程中不能作弊，不能先犒賞自己，要不然這個習慣迴路會完全行不通。

12. 誰是真正的朋友？——友情篇

"長時間相處、
共享好感覺、
幫助彼此，
是友情的關鍵三元素。"

小米和凱凱是好朋友，最近凱凱邀請同班同學參加她的生日派對，還邀請了她以前不喜歡的小娜，卻沒有邀請小米，這讓小米感覺很受傷。一個你原本認為跟你很要好的朋友，約別人出去玩，卻沒有約你；或你很期待見到一個好久不見的朋友，當你終於見到他的時候，他卻對你非常冷淡，只跟別人玩。遇到這種情形，你是什麼心情呢？一定很受傷、很沮喪吧？

友情帶給我們笑容，有時也帶來淚水。但無論如何，交朋友是必要的，每個人都需要朋友。接下來，我要教你「如何當個好朋友」。

交朋友的方法

從小到大，我們交朋友的方式會隨著年齡而改變。

幼兒時期的小朋友，還不太會跟朋友們互動、玩耍，往往只是在同一個空間裡各玩各的。這時候，孩子們的行為比較以自我為中心，所以常常會出現互搶玩具的戲碼。

到了四、五歲，開始學會什麼是公平、什麼時候該分享。這時候，孩子們會開始有自己特別喜歡的玩伴，但也最容易跟朋友吵架，往往玩著玩著就意見不合，翻臉了。但這些爭執來得快、結束也快，前一秒兩人都在哭，一轉眼又

和好了。這時的摩擦，讓孩子們開始學習如何化解衝突。

進入小學後，朋友之間會開始分享訊息，例如喜歡什麼遊戲，什麼影片好看。這時候會開始找興趣相同或個性類似的人當朋友。

到了四、五年級左右，朋友之間會開始發展出「共同的語言」，像是笑話、通關密語。這時候也會有很明顯的「我們」跟「別人」的意識出現，朋友之間也開始有「八卦」發生了。

到小學畢業，進入中學，也進入青少年時期，朋友變得更重要了。這時候在心理層面，已經逐漸開始往外去尋找自我，而朋友是我們認識外面世界的重要夥伴。於是，我們開始跟朋友說一些不會跟家人說的事情，包括內心的感覺和私密的事情，一起分享彼此生活中的喜怒哀樂、一起探索、一起成長。這時候交的朋友，很可能會深刻影響我們對生活的看法和價值觀。大人總是叫我們要「慎選朋友」，也是希望這個時期交的朋友能夠互相幫助，一起進步。

給朋友打分數

如何當個好朋友呢？心理學家發現，經營友情有三個必要元素：

一、**許多的相處時間**。相處時間愈久，友情愈深刻。友情，是需要時間來培養的。

二、**共享好的感覺**。雖說朋友要能同甘共苦，但「甘」絕對大於「苦」。朋友會一起吃飯、看電影、玩遊戲……，這些事情都能促進「好的感覺」，是成就友情的關鍵元素。

三、**互相幫助**。真正的朋友，要看你需要他時，他是否會來幫你。朋友不一定要隨傳隨到，或勉強自己做一些違背良心的事。但能夠互相幫忙的朋友，更容易維持友情。

「相處時間長、好的感覺、幫助彼此」是三個最基本、也最關鍵的友情元素。如果根據這三個標準，將你每個朋友從一到一百打個分數，會是幾分呢？如果三個分數都很高，你的朋友也這麼認為的話，那你們就可以說是「好朋友」了。

猜猜看，一個人平均會有幾個真正的「好朋友」呢？平均來說，只有五個！是不是很少呢？所以說，朋友需要慎選，因為真正的友情，要投入很多相處的時間，而我們每個人一天只有二十四小時，所以好朋友當然多不了。

友情也會變質

我們也可以用這三個元素為標準，理解為什麼有時候朋友會逐漸疏遠、淡化或變質。假如你跟一個同班同學是好朋友，但後來你們分班，不再一起上課了，你一直很想念他，他也很想念你。但後來他在班上交了新朋友，你下課時見到他，他正在跟新朋友玩，你會不會很傷心呢？

相反的，如果是你先交了新朋友。那個朋友跟你有很多共同興趣、有很多話可聊，又在同一班。下課時你原本的好朋友來找你，如果看到你跟新朋友互動，可能也會吃醋吧！

回到一開頭的例子，小米認為凱凱是好朋友，但凱凱竟然沒有邀請她參加生日派對。不僅這樣，還邀請了她以前不喜歡的小娜，這讓小米感覺很不好。想想，有沒有可能是因為她們兩人生活的變化，讓友情也開始改變了呢？也許小米和凱凱分班了，比較少玩在一起了；也許凱凱有想要邀請小米，但剛好小米請假沒碰到？也許小娜最近幫了凱凱一個忙，所以她們變成朋友了？

我要說的是，友情是會改變的。雖然我們很希望跟ＢＦＦ（Best Friends Forever，美國青少年喜歡用的簡稱，意思是永遠的好朋友）一輩子都是最好的朋友，但友情是需要不斷維繫的。靠什麼維繫呢？就是很多相處時間、共享好的感覺，以及對彼此的幫助。

好朋友不用多

了解友情必要的三元素後，我還要再給幾個建議，讓你更能夠交到好朋友。

朋友之間，難免會有一些摩擦或不開心。這時候你需要找對方溝通，但不是為了抱怨，也不要一開口就責怪人家，你可以當作是「分享自己的心情」。

如果小米有機會打電話給凱凱，我建議她不要問「你為什麼沒請我去你的生日派對」，而是分享自己的心情：「我這個週末不太開心。」凱

凱應該會問怎麼了？這時候小米可以敘述這個過程，不要帶著指責的語氣，而是讓凱凱知道她很難過，再聽凱凱怎麼說。也許，後來發現是誤會一場。但就算不是，小米能夠直接勇敢的說出來，總比悶在心裡好。如果凱凱處理的方法不夠成熟，也可以讓凱凱學到以後該怎樣對待朋友。

我們一直在學習如何當個更好的朋友，也同時在尋找那些可以交往一輩子的好朋友。朋友不用多，但要夠好。真正的好朋友得來不易，所以要特別珍惜。希望你無論在哪裡，都能交到好朋友，創造可貴的友情。

想想與行動

1. 你最要好的朋友是誰？你們為什麼合得來？

2. 根據友情三元素的標準，你和好朋友互相打分數，你們的分數接近嗎？

13. 家人的愛，勝過一切——親情篇

親情是我們的一切，
有了愛、溝通和理解，
一家人可以解決任何問題。

你有沒有和爸爸、媽媽鬧過脾氣，或是被責罵、懲罰過呢？當下雖然很生氣，甚至氣到不想講話，但過了一陣子，氣消了或誤會解開了，大家又恢復正常，開開心心過生活。這是因為你和家人有不可分割的親情，無論再怎麼不高興，還是一家人。

親情是什麼呢？親情就是你跟你父母，或是與每天主要照顧你的人之間的關係，也就是我們與家人的關係。

家庭有很多種，有些文化對家庭的定義與我們不同，但有幾件事

情是可以確定的：無論你在地球的哪裡，一個人會出現在世界上，一定是因為有一個爸爸和一個媽媽。而我們能夠長大，也一定是有人在照顧我們，可能是你的父母親，或其他的大人。

因為他們的照顧，我們一定會對他們有好感；當他們責怪、懲罰我們的時候，我們也可能會對他們有不好的感覺，這種複雜的感覺，都是親情的一部分。一個家庭裡會有很多歡笑，也會有一些淚水，但大家還是彼此相愛，這就是親情。

溫暖的擁抱

究竟親情是從哪裡來的呢？

有一個心理學家哈里・哈洛曾經透過實驗，對寶寶與母親之間的關係，做了入微的觀察。他的發現影響後來的心理學家如何看待「親情」這回事，只不過他研究的對象不是人，而是猴子。

哈洛先把幾隻剛出生的恆河猴與媽媽分離。這些小猴子被放到籠子裡，裡面沒有母猴，只有兩個東西替代媽媽：一個是用木頭和鐵絲網做的模型，這個模型能夠提供奶水；另一個則是表面毛絨絨的模型，還裝了一個假的猴頭，但這個模型沒有提供奶水。

想想看，小猴子會認有奶水的模型，還是毛茸茸、但沒有奶水的模型來當媽媽呢？

答案是，牠們選擇了毛茸茸的模型。小猴子整天都緊緊抱著那個毛茸茸的替代媽媽，需要喝奶的時候，牠們會跑去找木頭鐵絲網模型，但喝完之後馬上跑回替代媽媽身邊。如果小猴子受到驚嚇，不管

多餓，都不會離開那個毛茸茸的替代媽媽。

這個結果，推翻了當時的觀念。當時的心理學家認為，母親的重要，是因為她們能夠提供孩子奶水跟食物，其他行為都是多餘的。那時甚至還有些心理學家認為，給孩子太多擁抱，反而會寵壞他們！

還好現在我們知道，那是不正確的觀念。當我們還是寶寶的時候，除了吃喝拉撒需要大人的照顧外，也非常需要抱抱。我們需要感覺他們的體溫，大人的親近讓我們感到安全。

父母的愛，讓我們勇敢

那些只有一個毛茸茸模型來當替代媽媽的可憐小猴子，少了真正媽媽的溫暖和安全感，長大之後，都變得很膽小。從小沒有媽媽的猴子置身在一群猴子裡，都縮在角落，不敢加入群體當中。

當時，哈洛還讓一些小猴子跟著牠們的親生母親長大，但不讓牠們接觸其他的猴子。他發現，這群「媽寶」猴子長大以後，遇見其他的猴子，要不就是躲避牠們，要不就是攻擊牠們，變得不懂得如何跟其他猴子相處。這讓我們了解：沒有媽媽很不好，但完全是個媽寶也不好。

父母除了照顧我們、給我們安全感之外，也會教我們如何與其他的同類相處。當我們還是小小孩，還不太會說話的時候，我們會從父母跟我們相處的方式，學會怎麼面對陌生人及外面的世界。這個觀念，在心理學就叫做「依附理論」。

「依附理論」告訴我們：小時候，我們愈能夠感到安全、感受到父母的愛，未來就愈容易勇敢去探索世界，也愈能夠愛別人。這是一個良性的循環。

父母還扮演了我們進入社會前非常重要的教育者。從小，父母教導我們什麼是正確的行為，什麼是不好的行為，例如，看到叔叔、阿姨要打招呼；拿到禮物要說謝謝。這些都是人與人相處的規矩。當我們學會了這個社會的規矩後，大人就會說我們「懂事」了。

父母的照顧及安全感，讓我們能勇敢地探索世界，也為進入社會做準備。當我們長大了，也還是會跟他們保持密切關係，並繼續受到影響。

大人吵架不是你的錯

提到「長大了」，你會不會覺得：大人的事好像很難懂？有時候看到父母不開心，雖然聽不懂他們在講什麼，但從語氣和表情來看，知道他們有可能對彼此不高興。這時候你該怎麼辦呢？

父母吵架並不代表他們不相愛，或是要離婚。有時我們看到父母吵架，會覺得是自己造成的。我要告訴你：父母的行為，絕對不是你

的錯！大人之間的爭執，需要大人自己來處理。如果你覺得他們實在吵得太過火了，比如有人開始動手摔東西或推人、打人，這時候你可能要讓其他大人知道，如果這種事情常發生，建議你可以找學校的輔導老師，或是其他你信任的成年人，請他們來幫助你。

我們都希望自己可以更好，也希望家可以更有愛。當你有機會的時候，可以抱抱你的父母，跟他們說：「謝謝你，我愛你」。

家庭是我們最親密的小世界，親情就是我們的一切。在家裡，每個人都是隊友，大家都要出點力，讓彼此的生活更好。摩擦發生了，沒關係，有了愛、溝通和理解，一家人幾乎可以解決任何問題。

想想與練習

1. 和你同住的家人有哪些？你平常會做哪些事情，為家庭分擔出力？

2. 在全家一起吃飯的場合，說說你們對彼此的看法與感情。

3. 你和家人曾經發生誤解、摩擦嗎？找個機會溝通，說聲「對不起，我愛你」。

14. 對朋友說不的勇氣——從眾篇

從眾不是錯，
但你自己心裡要有一把尺，
這把尺就叫「原則」。

我小學時最大的嗜好，就是收藏「恐龍卡」。那是去住家附近的雜貨店，買口香糖隨包附贈的。每一個包裝裡的卡片都不一樣，所以你拿到哪一張，完全看運氣。只要拿到比較珍貴稀有的卡，我一定帶到學校跟同學們炫耀。「哇！好羨慕喔！」他們總是這麼說。聽到這些話，我覺得自己好有面子。

後來，我移民去了美國。那裡的孩子不蒐集恐龍卡，他們蒐集另外一種卡片：棒球卡。上面印有美國大聯盟各個職業棒球員的照片，

背面是球員的各種數據，像是打擊率、全壘打次數等等。

同學間的共同話題

你能夠想像，我一個黃臉孔的孩子，英文很破爛，拿出我的恐龍卡秀給那些美國同學看嗎？我一次都沒有拿出來過。我反而開始跟美國同學們一起蒐集棒球卡。當時，我連棒球比賽都還看不太懂，就跟著同學們一起瘋狂買棒球卡、討論棒球卡，我也覺得棒球卡超酷的。

那些曾經花了我不少零用錢，曾經是我生活重要一部分的恐龍卡，竟然就這麼被我打入冷宮，收進紙箱。

每次我想到這件事，除了覺得好可惜、好浪費。同時也提醒我：同學的影響，從眾的心理，對我們有多麼大的影響。

和朋友相處，總是影響著彼此。有些影響是好的，譬如有個朋友個性特別好，讓你很欣賞他，會想要模仿他。

但有些時候，同伴也可能帶來負面的影響。在學校，同學們叫你一起蹺課，或慫恿你去便利商店偷東西，甚至聯手霸凌別人。

大家都這樣，所以我也要

我們會屈服於同伴的壓力，有幾種不同的心理原因。有些人想要被喜歡、被接受，他們害怕如果不跟著大家一起做的話，會被取笑，甚至被欺負。而有些孩子就是忍不住誘惑，看到同伴在做什麼，會很好奇，想要跟著嘗試。有時，光是聽到別人說一句「大家都這樣」，就已經是足夠的理由了。

「從眾」，是非常正常的行為。心理學家針對從眾現象做過一個有趣的實驗，我們搭電梯的時候，通常都是走進電梯，再轉過來，按

下樓層按鈕，然後就會面對門的方向。有這麼一個實驗，讓一個不知情的人搭電梯，接著，電梯在每一層樓停下，其他走進電梯的人串通好，一進電梯，就直接面對後面的牆壁。

一開始，那個面對門的人沒有任何反應。但是當電梯裡的人愈來愈多，每個人都面對牆壁的時候，那個人最後也會忍不住跟著大家一樣，轉身面對牆壁，因為他不想成為那個唯一不同的人。從攝影機看這些畫面，實在滿搞笑，像是惡作劇一樣。你知道電梯裡只有一個人不知情，他看起來很困惑，一邊在電梯裡東張西望，一邊忍不住跟著大家做同樣的動作。

跟朋友說「不」，壓力很大

心理學家發現，「從眾壓力」竟然是人類最強的心理壓力之一！不合群讓人非常痛苦。有些人比較隨和，不喜歡衝突，希望大家都可以好好相處，這種人通常更容易從眾。

從眾不一定是壞事，也會有好的影響。像好朋友的相處，往往是讓彼此進步的動力。當然，如果個性隨和的人遇上壞朋友，那就麻煩了，因為他會不好意思拒絕這些負面的影響。

如果從眾的壓力讓你不舒服，你明明不想做，但硬要你配合；或明明是錯的事情，像朋友們要你聯合起來欺負另一個同學。這時候，你該怎麼辦？

跟朋友們說「不」，需要很多很多的勇氣，但你還是可以做到的。

首先，你要能夠分辨事情的對錯，也要能夠設想做這件事情的後果。如果你知道，跟朋友一起去雜貨店偷東西是不對的，後果也會很糟糕，那麼你就必須站穩立場，甚至馬上離開現場。

如果朋友問你「為什麼不要？你怕嗎？」你說：「因為我爸媽叫我不能這麼做。」朋友可能會笑你是個「媽寶」。我覺得更好的回答方式，雖然需要更多勇氣，但會顯示你很成熟。你可以說：「我不偷東西。」就那麼簡單，不用多做解釋或編藉口。

這麼說，跟之前的那句話不一樣的地方在於，不是父母不讓你做，而是你自己決定不要做。這顯示你有自己的原則，而且能夠堅持自己的原則。

站在同一邊的夥伴

另外，如果你能夠找到跟你一樣願意說「不」的朋友，也會很有幫助。在前面提到的從眾心理學實驗中，只要電梯裡有另外一個人也不面對牆壁，那個原本面對門的人也就不會轉身面對牆壁。只要有一個和你站在同一邊的夥伴，就會讓你們兩個彼此給對方力量，更容易抵抗從眾壓力。

還有，「慎選朋友」相當重要。如果你的好朋友們不蹺課、不作弊，你也比較不會受到影響。

如果你持續面臨一些壞朋友的壓力，建議找大人談談，像學校的輔導老師，或你能夠信任的長輩。不要因為自己曾經犯過一兩次錯，就因此不敢告訴大人。即便我們以前做過錯事，任何時候都可以重新開始，做對的事。不要讓自己因為內疚，而一直錯下去。

從眾不是錯，但你心裡要有一把尺，知道什麼是對的，這把尺就叫「原則」。一個有原則的人，即便不合群，也會受人尊敬。希望你成為一個能夠與別人合群相處，同時又能堅持自己原則、知道分寸、能營造正面影響力的好朋友。

想想與練習

1. 你和同學朋友的共同話題是什麼？

2. 你身邊的朋友對你的影響是正面還是負面？

3. 你曾經在同儕的壓力下，做了自己覺得不對的事嗎？如果重來一次，你有更好的做法嗎？

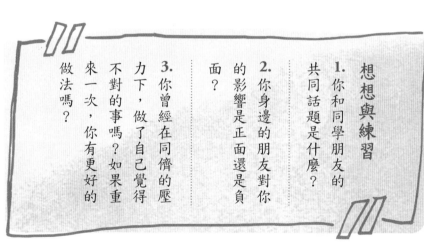

15.學習高EQ——心情篇

"我們不需要為了逃避不開心，去做一些假裝開心的事情，每一種情緒都被自己認識的時候，真正的快樂就來了。"

你有不開心的時候嗎？當你沮喪和難過的時候，該怎麼辦？下課時，幾個同學聚在一起，聊自己的不開心。我的難過不等於你的傷心，你的傷心不等於他的難過，於是幾個人就坐在一起難過。這樣看來好像沒什麼建設性，但其實可以從各自的不開心中，學到一些事情，幫助處理下一次不開心的情緒。

不怕挫折，寫計畫打敗它

小米很難過，因為她參加一個朗讀比賽，準備了很久，但初賽就被淘汰了。她難過，因為感覺很挫折。

「挫折感」應該是我們成長過程中，最常碰到的。你還記得，上一次有挫折感是為了什麼嗎？

當我們覺得出錯的原因不在自己，雖然會失望，也可能會生氣，但不會沮喪太久；但如果我們覺得錯出在自己身上，就比較容易沮喪，也容易跟自己過不去。當你感覺挫折的時候，不妨問問自己：這個挫折，可以帶給我什麼樣的反省和改進的機會，讓我下一次能夠更好呢？

對付這種挫折的感覺，建議你拿出一張紙跟一枝筆，安靜地花幾分鐘時間，寫下你覺得這次的疏忽、錯誤出在什麼地方，並且寫下要怎樣改進（這點很重要）。這個「反省，並寫下計畫」的動作非常重要，如果沒有這個計畫，一個人很容易一直反覆卡在自己遭遇挫折的地方。你需要的是下次做得更好的計畫，而這個計畫能幫助你化解因挫折而帶來的負面情緒。

克服沮喪，每天進步一點點

藍藍很傷心，因為他覺得「無論怎麼做，都沒有幫助」。他說：「我爸媽都說，我這麼笨，這輩子不會有什麼成就的！」

如果爸媽這麼說你，你會不會很沮喪呢？當然會啊！如果身邊的人一直說你很笨、很懶、沒出息等等，久而久之，你自己都開始相信他們說的話，而覺得很無助。

如果你有這種無助感，一定要用自己的力量來突破現況，相信自己能夠變好。人是一直不斷在成長、改變、翻新的，就像剪了頭髮，過一陣子頭髮又會變長，我們身體裡的細胞也是一直不斷在更新自己。科學家發現，每七到十年，我們全身的細胞就會替換一次，這麼看來，每七年你幾乎是一個全新的人了！那憑什麼你覺得自己沒辦法改變呢？

如果你覺得被瞧不起很沮喪，我的建議是，給自己一個小目標，每天讓自己在某方面稍微進步一點點。例如，每天多認真讀書十分鐘，每天多背兩個單字，或每天運動十分鐘，每天提早五分鐘起床等等。持續一段時間後，繼續再增加一點，從十分鐘增加為十五分鐘。只要持之以恆，

一定會有所突破。

每天的小小進步，我們很容易忽略，但這是我們突破自己的重要基礎。拿本筆記本，每天記錄跟前一天比起來，今天的你在哪方面稍微有進步？哪怕只有一點點，持續一段時間之後，你會發現自己很不一樣，已經進步了。這對你的心情會有很大的幫助。

身體好，心情才會好

君君不開心的原因是身體不舒服，他有偏頭痛的問題，而且已經持續很久了。他應該主動請父母帶他去醫院做些詳細的檢查，或是調整作息、改善飲食。

我們的心理跟生理是綁在一起的，身體健康，心情才會好。如果你快感冒了、常常太晚睡覺，或是飲食不均衡，吃了很多油炸物、糖果、甜食、汽水、零嘴，這些都會對你的身體和心情有負面影響。

想要有好心情，最基本的功課，就是把自己的身體照顧好。睡眠充足、飲食均衡，才會有好精神，也容易有好心情。

不必假裝很開心

小明的問題是什麼呢？他最大的問題，就是他看起來沒有問題！

小明功課好，老師喜歡他，父母支持他，家庭環境好，連校長在走廊裡見到他，都還會特別跟他打招呼。他還有什麼好抱怨的！其他同學都說：「你有什麼好難過的？你是模範生耶！」

但偏偏小明就是不快樂，連他自己也不知道為什麼。他說：「我就是快樂不起來，我只知道我不快樂，還要假裝快樂。最難過的，就是不知道自己為什麼難過！」他會跟朋友說一些「人生究竟活著是為了什麼？」這樣的話。同學們都搞不懂他，當他抱怨的時候，很多人

都會說：「你的生活那麼棒，幹嘛要搞怪呢？」

小明可能有些想法，對自己的人生和未來有點疑惑，但是不敢說、不敢問。因為所有人都看重他的成績，希望他繼續保持下去。他想知道，除了好成績，是不是還應該做點什麼。他很苦惱、困惑，總是心事重重。

我建議小明，不要把這樣的苦惱悶在心裡，去找學校的輔導老師聊聊，或是找能懂得他在想什麼的大人聊聊。一定有人可以了解他、指引他，探索長大後能夠做些什麼貢獻自己的聰明才智。

前幾年，有一部皮克斯出品的動畫電影《腦筋急轉彎》（英文片名叫 *Inside Out*）我很推薦這部電影。這部電影想要教我們的是「認識自己的情緒」。有時候，我們其實需要勇氣承認自己很沮喪。我們不需要為了逃避不開心，去做一些假裝開心的事情，或不去面對問題。當每一種情緒都被自己認識的時候，真正的快樂就來了。

我們的不開心有各種不同的原因，也有各種不同的方法可以處理。學會接受自己的情緒，分辨、控制並改善它，這種能力，就叫做EQ（情緒智商），這是我們一輩子最需要學習的能力。

想想與練習

1. 你今天的心情怎麼樣？不論心情好壞，都勇敢面對它、了解它。

2. 沮喪、挫折時，拿出紙本來寫下原因，並寫下改善的計畫。

16. 青春期風暴——成長篇

"青春期的大腦，
特別容易受同儕影響！
所以，要交一些讓你變得更好的朋友。"

大人常會問：「你長大之後，想要做什麼？」或是用這句話來打發你：「當你長大之後，你就會知道啦！現在不要問那麼多！」但「長大」是什麼意思呢？你會在十八歲生日那天突然醒過來，說「嗯，我覺得自己長大了」嗎？

成長是一個漸進的過程，我們一輩子都在成長。即便我們不再長高，身體還是會繼續改變，我們的心靈也會隨著年齡成長，一直到老。

心理學有一個研究領域叫「發展心理學」，研究人的內心在一生中所發生的種種變化。而發展心理學家不只想知道發生什麼變化，更想知道「為什麼」發生這些變化。

青春期變化大

青春期是一個變化特別大的時候。這些變化可以分為：

第一種變化，是身體的變化。男生一般十一歲開始，女生通常比男生早一、兩年。這時候身體拉高，男生的肌肉會變強壯、聲音變低沈；女生的胸部開始發育、開始有月經。往往這時候會開始長青春痘，這一點還挺擾人的，但這些都屬於青春期的正常身體變化。

身體裡看不到的地方也會有很多變化。荷爾蒙、生長激素等等造成我們的生理時鐘開始變動，我們變得需要更多睡眠，也開始變成夜貓子，往往到了深夜就精神很好，早上卻爬不起來。快速的身體成長，讓我們吃得比較多，但這時候有些人會嫌自己太胖，原本沒在管體重的，也會突然很在意。

第二種改變，是心理的改變。腦心智科學家觀察到，青春期的少年除了生理時鐘延後之外，脾氣起伏會變大，更敏感、更容易受傷。而且青少年時常有一種很矛盾的心態，一方面想要被注意、被肯定，但又怕成為焦點。

還有，青春期會開始對「談戀愛」充滿好奇和渴望。這股荷爾蒙促進的力量，把青少年一步步往外推。

推向外面的社會和朋友圈，也推出家庭原本的懷抱，與父母的對話相對也會減少。

身處青春期的當事人，不知道如何處理自己的情緒和身體裡的新能量，很容易變得煩躁。

腦袋裡的小風暴

透過腦神經的研究，我們知道青春期的大腦，真的跟小時候很不一樣！

在我們額頭位置後面，有個大腦區塊叫「內側前額葉皮質」。在青春期，這塊區域會變得特別活躍，這個部位的發育使我們更在意別人的想法，變得更自覺、更希望自己被注意、被肯定，但同時，又會特別在意別人的眼光和評價。腦部還有其他部位也會在青春期特別活化，而負責控制情緒和衝動的「眶額皮質」，卻要到二十五歲左右才會成熟。這也難怪青少年愛追求刺激，也很容易受到身邊朋友的影響，較難抵抗誘惑和別人的慫恿。

你可能會覺得「天哪！青春期簡直是父母的惡夢！」我要說：「是，但也不是。」

在青春期，人的身體和腦袋裡，的確像有一場小風暴在發生。我的建議是，我們不要去跟這股青春的能量作對，而是要想辦法了解、接納它，成為我們的一部分。

許多古老的原住民文化有一種儀式，專門幫助部落的少年度過青春期，這種儀式叫做「成年禮」。成年禮通常有個考驗，例如，把年輕人放到森林裡好幾天，叫他自己去打獵。像澳大利亞的原住民就讓年輕人去沙漠流浪幾個月，當年輕人回來的時候，部落的長老會舉辦一個儀式，歡迎他們加入「成年人」的群體。這時候他們就不再是孩子，而是有權利和責任的成年人了。

青春期的功課

現代的生活方式，對青春期的青少年來說，是一個特別難熬的過程。身為青少年，我們可以有主見，但不能無理取鬧；我們知道自己有許多小風暴在腦袋裡發生，但不能因為這樣，讓生活周遭也充滿風雨。在這個過程中，我們能做什麼呢？

我有兩個建議：化解壓力和引導能量。首先，我們要了解自己的青春期，在身體和腦袋裡，正在進行什麼樣的變化，用知識讓自己做好心理準備。再來，我們要照顧好自己的身體，睡眠充足，飲食均衡。也要多多運動。一來是讓身體更強壯、更協調，二來是透過運動來抒解壓力、疏通身體裡的青春能量。

我們也需要找一群自己的好朋友。青春期的大腦，會對

同伴的意見特別敏感，也容易受同儕影響！所以，要交一些可以讓你變得更好，而不是帶你做壞事的朋友。同樣的一股勁兒，在壞朋友之間可能變成傷人傷己的叛逆行為，但在好朋友之間，說不定會成為一種創新、創意的表現。在尋求歸屬感的同時，要記得青春期也是最容易搞小團體，排斥其他人的時候。所以學會尊重別人，是這個時期很重要的功課。

如果你能找到比自己年齡稍微大一點，能夠理解青春期的心態，但已經算成年人的學長、學姊，找他們聊聊天，對你會很有幫助。

此外，學習怎麼跟別人溝通、怎麼描述你心裡的感覺，是另一個重要的功課。學會溝通技巧，可以幫助你跟家人的相處。

我知道我是誰

最後，我希望你能發展某一方面的能力，從那裡獲得自信。

有一位對發展心理學非常重要的心理學家，叫愛利克・艾瑞克森，他認為在青少年時期，最需要建立兩種自信，一種是「勤奮」，也就是「我相信自己是一個有能力，可以勤奮起來的人」；另外一種自信叫「角色統合」，用白話來說就是「我知道我是誰」。

艾瑞克森相信，如果父母能讓孩子去探索，讓他們找到自己，他們的角色就能夠統合。但如果父母持續向他們施壓，只為了符合父母的期望，青少年則會面臨角色的混亂。

如果你已經進入青春期，除了學習，在其他方面都比較茫然，父母的管教也常常給你很大的壓力，但又不知道該怎麼抒解。那麼你可以去發展自己在某方面的長處，比如舞蹈、下棋、寫程式、寫作、打

網球或跑步等。把自己的精力投入某個你感興趣的領域，從中取得成績和進步。這會讓你更加自信，也讓你的「自我感」更強，活得更踏實。

我也曾經歷這麼一段時期，還曾經為了尋找自我，背著背包去旅行，從北極圈到赤道。後來寫了幾本書，就叫《尋找自己》和《*Why Not*？給自己一點自由》。這些經驗幫助我成長，一直到現在。

希望你能更了解青春期的心理，知道這是一個必須經歷，但也會很有收穫的過程。祝福你！

想想與練習

1. 你會想挑戰什麼樣的成年禮，來表示自己度過青春期了。

2. 觀察自己在青春期有什麼生理與心理的變化？

3. 你有沒有什麼興趣專長，讓你可以投入精力，獲得自信？

17. 快樂跟你想的不一樣——正向篇

> 每天睡前回想今天值得感謝的三件事，
> 持續兩週後，
> 會變得比較樂觀。

你有沒有想過「人生的意義」是什麼呢？聽起來好嚴肅，但這是個很重要的課題。

當我們問身邊的大人：「為什麼要上學？為什麼要考試？還要做一大堆的功課？」大人會說：「去上學，才能學到東西啊！考試，為了進好學校；上了好學校，就能找到好的工作。」找到好工作能怎樣？「當然是賺更多的錢啊！」賺更多錢要幹嘛？「為了過更好的生活啊！」過更好的生活又如何？「因為這樣，你就會快樂了！」

我們為什麼要做這些事情，追根究柢最後都得到相同的結論，那就是「讓我們感覺滿足跟快樂」。但是，你知道究竟什麼是快樂？為什麼快樂那麼重要，重要到幾乎我們所有的奮鬥，都是為了獲得它呢？

以前，心理學家認為：快樂，就是「沒有悲傷」。所以，心理學有很長一段時間的主要研究，就是為了「減少悲傷」。心理學家盡全力去尋找人會悲傷的原因，試著發明各種治療方法和藥物來讓人不悲傷。但後來他們發現：一個人不悲傷，並不代表就一定會快樂。

心理學家也發現，快樂和金錢並沒有太大的關係。他們在落後地區看到一些貧窮的人，卻發現他們其實是快樂的，即便他們實際擁有的東西非常的貧乏。相反的，有些人

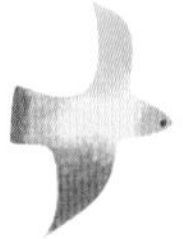

很有錢，家裡金碧輝煌，天天吃山珍海味，卻非常不快樂。

怎樣才會快樂？

你可能會想：「如果我不用上學、不用做家事，我就會快樂了！」如果你這樣想的話，心理學家的研究又會讓你嚇一跳。因為他們發現，有很多不需要工作的人，卻活得很迷茫、不快樂。相反的，許多很忙碌的人，事情多到做不完，內心卻非常快樂。

這到底是怎麼一回事啊？怎麼跟我們想的不一樣呢？這些現象引起心理學家的興趣。如果我們活在這個世界上的最終目標，就是要快樂、滿足，那麼我們應該要認真的研究一下，究竟怎麼樣才會快樂？

於是，正向心理學就誕生了。

正向心理學又叫做「積極心理學」，是一門專門研究什麼是「美好人生」的學問。它用科學的方式，找出我們該如何活出一個有意義、令人滿足的人生。

正向心理學主要研究三件事：

第一，什麼樣的經驗，能讓我們感到滿足與快樂？

第二，什麼樣的個人特質，可以讓一個人更容易滿足與快樂？

第三，什麼樣的機構或組織，可以讓在裡面工作或學習的人更滿足快樂，而且更有生產力呢？

正向心理學家訪問了來自世界各地，從九歲到九十九歲的人。他們非常驚訝的發現，一個快樂滿足的人生，並不是不斷的享樂。試想，如果一年去一、兩次遊樂園，我們會期待也很享受裡面的各種驚喜，但如果天天都去，是不是就沒那麼令人興奮了？

很多人在努力工作的同時，也感覺到非常快樂、滿足。關鍵因素

是，對他們來說，他們做的事情有一點挑戰性，但又不會太困難，而且他們認為自己做的事情是重要的，就會進入一種很投入的狀態，甚至專心到忘了時間，也忘記自己是在工作。心理學家給這種感覺取了個特別的名字叫做「心流」，英文叫做「Flow」。他們發現，一個能經常讓自己處在心流狀態的人，更容易覺得滿足與快樂。誰能夠想到，讓自己很忙碌竟然也可以快樂呢！

正向心理學家也發現，當我們為自己設一個挑戰，透過反覆練習、逐漸進步，最終達到目標的時候，人會感到非常開心。你有沒有過這樣的經驗？試著去學一種東西，像是樂器或外語，在練習的過程中感覺到自己的進步，是不是很有成就感？這樣的感覺挺快樂吧？

心理學家的結論是，一個快樂滿足的人生，是需要挑戰，也需要努力的。而這個努力是有意義的，能讓人投入、而且能夠進步。

感恩每一天

有些人即使出身困苦或處在艱難的環境，依舊有辦法讓自己過美好的生活。他們是怎麼辦到的？這些人絕不是「鴕鳥心態」，也不是那種把煩惱丟在一旁、只顧追逐開心的人。他們可以用一種正向積極的心態，直接面對並克服遇到的挑戰。這到底是什麼特殊能力呢？

這些人有一種很棒的心態，就是懂得「感恩」。對於人生所發生的一切，無論好壞，他們懂得去接受，並運用自己的優勢去面對挑戰，而不是逃避。這樣就容易在面對不如意的事情時，保持愉快的心情。

最棒的是，這種心態很容易學習！如果每天晚上睡前用五分鐘，回想今天值得感謝的三件事情，並紀錄在一個筆記本裡，只要連續這麼做兩個星期之後，大部分人會發現，自己會變得比較樂觀。

善用自己的性格優勢

另外還有一個關鍵點是，這些人都很懂得運用自己的優點，幫助自己，也幫助身邊的人。正向心理學家針對各種不同的美德和性格特點，歸納出二十四個普世的「性格優勢」，每個人都有這些特點，只是比重不太一樣。比如，領導能力，雖然大家都有，但可能某個同學的領導能力特別明顯。

想不想知道你特別突出的性格優勢是什麼呢？我提供一個網站連結（網址見「想想與練習」），先填寫一個問卷，之後它會告訴你，你特別突出的性格優勢是什麼？看看你突出的前五名，那就是你的「頭號性格優勢」。

你可以想想看，怎麼運用這些特質，在平常生活裡幫助自己，也幫助身邊的人。舉例來說，你性格中突出的特點，如果是「很有創意」，那麼下次在班上同學遇到問題的時候，你就可以發揮創意，想想有什麼令人意想不到的好方法，可以幫忙解救對方。

當我們懂得愈多的方法，就可以過上更美好的生活。有些學校也開始把這些概念融入教學中，懂得運用正向心理學的學生不但變得更快樂，學業成績也有明顯成長。我希望在不久的未來，這會成為全世界通用的一種基本能力，也希望每個人都可以加入這個正面積極的行列。請記得，在生活中保持微笑並且積極的生活，感恩每一天！

想想與練習

1. 找個安靜不會被打擾的地方，上網填寫問卷http://1class.pro.viasurvey.org，了解你的性格優勢。

2. 你做什麼事會專心到忘了時間，產生「心流」？如果還沒有找到，花點時間多試試。

3. 從今天開始，每天睡前感恩三件事，並記下來。

18. 成為善解人意的人——同理心篇

"心理學最大的幫助，是讓我們更了解自己，也懂得換位思考。"

心理學對我最大的收穫是什麼？它跟算命一樣嗎？當然不是。它能讓你知道別人心裡想什麼嗎？也未必。我最大的收穫可以用三個字來形容。

在我揭曉之前，我想先分享我的親身經歷。去年暑假，我帶著家人到美國奧蘭多市度假，那裡有迪士尼樂園、環球影城和海洋公園，簡直是遊樂園的天堂。我們全家都超級期待這趟旅行。

我們從紐約的機場準備搭飛機時，一踏進大廳，看到人山人海，櫃檯前的隊伍已經繞了大廳好幾圈！原來幾天前當地有暴風雨，天候不佳，造成飛機班次大亂。我們只好拉著行李排隊，祈禱能順利搭上飛機。

等著等著，兩個小時過去了，櫃檯離我們還有好長一段距離。不只我們著急，其他乘客也快受不了。我聽到排在前面的一位大叔，對著服務人員大罵：「我趕不上飛機，你們要負責。現在叫你的主管出來！」這位服務人員無能為力，只能不斷道歉，我很心疼這些辛苦的服務人員。

後來，那位服務人員經過我旁邊，我趁機對她笑了一下，說：「你一定等不及下班回家泡個熱水澡吧！」

服務人員還以為我要跟她抱怨，聽到這句話，她愣了一下，然後笑著回答：「我要邊泡澡，邊吃一大桶冰淇淋啊！」比起幾分鐘前的疲憊喪氣，她看起來有精神，也友善許多了。

「你們這兩天真是辛苦。」我說。

「謝謝，我們盡力了。」她回答。

這時候，我用平靜的口吻跟她說：「我跟我的孩子真的很困擾，飛機剩不到三十分鐘就要起飛了。他們期待很久的迪士尼樂園，說不定今天到不了。你建議我們怎麼辦？」

她聽完，看了一下我們全家，揮揮手帶我們到一個櫃檯，跟她的同事說：「嘿！他們快趕不上飛機，先幫他們辦一下。」

因為她的幫忙，我們一家人真的在最後一秒成功搭上飛機！我跟

我太太看著小孩們開心的微笑，回想為什麼我能夠獲得那位服務人員的幫助呢？因為我們對彼此發揮了「同理心」。

「同理心」這三個字，就是心理學給我的最大收穫。如果那位服務人員沒有同理我心中焦急的感受，可能只會讓我們繼續排隊。同樣的，如果我沒有發揮「同理心」，換位思考理解這位服務人員的辛苦，你覺得她會想聽我的訴求？帶我到另一個櫃檯，請同事幫忙嗎？

在這個經驗裡，因為我們都運用了同理心，體諒、理解彼此，因此翻轉了這趟驚險的旅程。透過這個親身經歷，讓我明白：心理學的最大幫助，是讓我們更了解自己，同時能夠與身邊的人建立更好的關係。

把自己放進別人的鞋子裡

英文有一句俗語，對「同理心」有很貼切的比喻：**Put yourself in the other person's shoes.** 意思是：試著把你自己塞進別人的鞋子裡。

每個人的生活很不一樣，假設把每個人的生活煩惱和負擔，想成是獨一無二的一雙鞋。假如你穿的是跑鞋，跑五百公尺對你來說，一定易如反掌。如果對方穿了笨重的鐵鞋，他光是用走的，已經汗流浹背、氣喘吁吁。那要他跑五百公尺，豈不就虛脫了？

一個富有同理心的人，能從對方的角度去理解，並且不隨意批評別人。而不懂得同理的人，只從自己的立場解讀身邊發生的事，難以體諒別人的難處，也時常批判他人。

一個不懂得同理的人，如果搭電梯時，被一個行動不便的殘疾人士擋住，他會心裡犯嘀咕：「怎麼這麼倒楣，碰到這種人，慢吞吞的！」搞不好他還會表達出他的不悅：「請你快一點好不好？不然不要在大家趕時間的時候出來嘛！」

有同理心的人，能將心比心體會上下電梯對殘疾人士的困難。也能體會這位殘疾人士知道自己造成後面的人困擾，心裡可能很著急，所以會主動跟他說：「沒關係，你慢慢來，小心安全！」

說不定，他還會幫忙按著電梯的按鈕，協助他上電梯。這種同理心的出發點，來自於能夠換位思考，理解對方的感覺和需求。

為他人著想

同理心大部分從「傾聽」開始，透過專心傾聽，去體會對方真正的心情與感受。心理學家發現，人類都有「為他人著想」的本質，就像「馬斯洛需求層次理論」提到的，「與人連結、形成歸屬感是人類的基本需求之一」。而同理心正是建立這種緊密連結的重要元素。

同理心是一個人天生具有的珍貴特質，也是需要培養和鍛鍊的能力。同理心和生活各個層面緊緊扣合，我們隨時都可以換位思考，把自己放到別人的鞋子裡。例如：以前我們一起床，可能習慣先抱怨為什麼要早起，甚至還發脾氣，連早餐都不吃。現在，我們可以想一想，父母為了準備早餐，可能比我們更早起床。踏入他人的鞋子，可以感受到別人的心意和辛苦。

我們講了很多心理學觀念，這些概念看起來五花八門，其實都回歸一個重點：「了解自己」，並且讓你更懂得換位思考，成為一個有同理心、善解人意的人。希望你能夠藉

由心理學，繼續知己知彼，持續豐富你的人生。

想想與練習

1. 觀察朋友的心情，練習當個善於傾聽的人。

2. 跟父母起了衝突，不愉快時，練習靜下心來，換位思考，是否能夠理解對方？

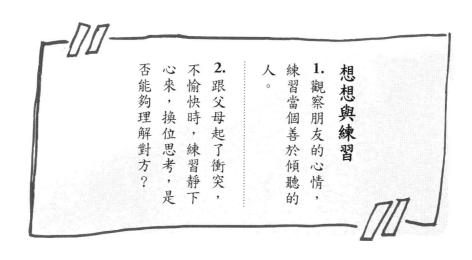

成為更好的自己
未來少年的18堂心理必修課

作者—— 劉軒
審訂—— 郭乃文
繪者—— Hui
《未來少年》總編輯—— 陳季蘭
副總編輯—— 周思芸
責任編輯—— 周思芸、林宜諄（特約）
封面設計—— 三人制創
美術編輯—— 何心瑜
內頁插圖—— P.23、P.89 達志／ Shutterstock

國家圖書館出版品預行編目(CIP)資料

成為更好的自己：未來少年的 18 堂心理必修課 / 劉軒作. -- 第一版. -- 臺北市：遠見天下文化，2020.07
面； 公分
ISBN 978-986-5535-30-8（平裝）

1.兒童心理學 2.生活指導 3.自我實現

173.1 109009216

出版者—— 遠見天下文化出版股份有限公司
創辦人—— 高希均、王力行
遠見．天下文化．事業群 董事長—— 高希均
事業群發行人／ CEO—— 王力行
未來親子學習平台社長兼總編輯長—— 許耀雲
國際事務開發部兼版權中心總監—— 潘欣
法律顧問—— 理律法律事務所陳長文律師
著作權顧問—— 魏啟翔律師
社址—— 臺北市 104 松江路 93 巷 1 號 2 樓

讀者服務專線—— 02-2662-0012
傳真—— 02-2662-0007；02-2662-0009
電子信箱—— gkids@cwgv.com.tw
直接郵撥帳號—— 1326703-6 號 遠見天下文化出版股份有限公司

製版廠—— 東豪印刷事業有限公司
印刷廠—— 立龍藝術印刷股份有限公司
裝訂廠—— 台興印刷裝訂股份有限公司
登記證—— 局版台業字第 2517 號
總經銷—— 大和書報圖書股份有限公司 電話（02）8990-2588
出版日期—— 2020 年 7 月 27 日第一版
2020 年 12 月 15 日第一版第 7 次印行

定價／ 380 元 ISBN：978-986-5535-30-8（平裝） 書號：BFMY012
未來出版網址 https://gkids.cwgv.com.tw